不動怒

正念禪修的智慧

讓您的大腦
不被性罪所支配

一念嗔心起，百萬障門開。嗔怒是非常可怕的事情，一旦被燃起，平常與他人再好的關係，再多的好事，將毀於一旦。正念禪修教導您徹底看清真相，從覺悟的因素打破自己的心結，跳脫干擾束縛，當下面對所緣無礙自在。

梁崇明◎著

前言

管好你的腦袋，就能管好你的一切。
動怒，就是腦袋失去正念，讓你失去一切。

有人受不了假消息，因動怒而損失名譽！
有人受不了主管的要求，因動怒而失去工作！
有人受不了夫妻間種種不同習慣的約束，因動怒而失去婚姻！
有人受不了他人的目光，因動怒而吃上官司，甚至坐牢！
有人受不了朋友無意的嘲諷，因動怒而反目成仇！
有人受不了父母管教，因動怒而傷害親人！
有人受不了師長的勸導，因動怒而傷害長輩！
有人受不了戀愛中的彼此自由，因動怒而傷害對方！

除了以上這些狀況之外，在我們生活周遭，每天有太多不同的事件正在發生。不但個人要付出可觀的代價，也讓整國家付出更高的社會成本，可見正念禪修對個人及團體有多麼重要。雖然目前在世界各地已經有十幾萬個正念禪修團體，但真正按 2500 多年前佛陀時代傳承的教法，實際上並不多，大多只是停留在正向思考，或是精神上的激勵，無法將正念的作用深化爲自己的生命因素，因此很快就會被打回原形，不能長期維持正念。

本書正念禪修內容，完全按照佛陀所教導的方法，只要按步就班修學，一定能夠讓自己完全受用，遇到境界來臨的時候，直接自然起作用，完全明覺，全然覺知當下。當能觀之心清淨，我們將遠離五蓋，沒有貪瞋痴，此狀態稱爲正念的善心所。一個正念禪觀者，在日常生活中，當下全然覺知一切，能觀察心識的變遷，如同觀看舞台劇場景的迅速更迭，清清楚楚，了了分明。

本書除了正念禪修的內容之外，還有佛陀所教導的完整解脫道：

◎透過行禪修習八正道：

・避開不善心的十個關卡：

愛欲、不滿、飢渴、渴愛、昏沉睡眠、怖畏、疑惑、傲慢不知恩、名聞利養與名實不副、自讚譭他

・正念的特相、功能、現起與近因：

1特相：非表面的、2功能：使所緣境歷歷在目、3現起：面對所緣、4近因：正念

是正念的因

◯培養正念的四種方法：

一、念與正知、二、遠離沒有正念的人、三、選擇有正念的朋友、四、心向正念

◎佛陀教你如何選擇：

・擇法的特相、功能、現起與近因：

1特相：了解法的本質、2功能：驅走黑暗、3現起：愚癡的消失

◎自然生起的觀智是擇法的因：

增長擇法覺支的七種方法：

一、多詢問，二、保持清潔，三、平衡的心，四、遠離愚痴的人，五、結交有智慧的朋友，六、法隨念，七、完全奉行

◯激發精進的十一種方法：

一、思惟惡趣的恐怖，二、思惟精進的益處，三、憶念聖者，四、感謝護持者，五、接受聖財，六、憶念佛陀的偉大，七、憶念自己種姓的偉大，八、憶念同修者的偉大，九、遠離懈怠的人，十、尋找精進的朋友，十一、使心培養精進力

◎如何讓自己不再悲傷：

・喜的特相、功能、現起：

1特相：快樂、欣喜與滿足、2功能：輕鬆與敏捷、3現起：身體輕快的感覺

○培養喜覺支的十一種方法：

一、憶念佛陀的德行，二、於法生歡喜，三、於僧伽的功德生歡喜，四、思惟自己的戒行，五、憶念布施的功德，六、思惟天人的功德，七、思惟完全的平靜，八、遠離粗魯的人，九、尋找善士，十、憶念經典，十一、使心向於喜

◎讓身心眞正的安定下來：

・輕安的特相、功能、現起與近因：

1特相：使身心平靜、2功能：拔除心中的熱惱、3現起：安定、4近因：如理作意

○發展輕安覺支的七種方式：

一、適當的食物，二、良好的氣候，三、舒服的姿勢，四、不過度熱心，也不懶散，五、遠離粗暴的人，六、選擇平靜與仁慈的朋友，七、讓心向於平靜

・定的特相、功能、現起與近因：

1特相：安定、2功能：聚集心、3現起：平靜與靜止、4近因：定

○生起定覺支的十一種方法：

一、保持清潔，二、平衡的心，三、保持清晰的心相，四、振奮沮喪的心，五、抑制過度興奮的心，六、策勵因疼痛而怯弱的心，七、持續平衡的覺知，八、遠離心散亂

的人，九、選擇能專心一意的朋友，十、思惟安止定的平靜，十一、捨棄的智慧

◎調解內在的衝突：

・捨的特相、功能、現起與近因：

1特相：信與慧平衡；精進與定平衡、2功能：不過度，也不缺乏、3現起：放鬆與平衡的狀態、4近因：持續的正念

◯培養捨覺支的五種方法：

一、以平穩的情緒對待一切眾生，二、以平穩的情緒對待無情物，三、遠離「發狂」的人，四、選擇冷靜的朋友，五、使心傾向於捨

因此，讓大腦不被性罪所支配，唯有透過「正念禪修」，才能清楚觀察到內心散亂、浮動、心猿意馬、掉舉、昏沉、追悔、懊惱等等不安狀態。讓正念變得連續、強而有力，心就可以保持一段時間的純淨，沒有煩惱、沒有煩躁，這就是定力的展現；心變得敏銳，而且能滲入身心的過程，這就是內觀智慧。

當內觀智慧增長，我們的身、口、意律儀就會更嚴謹，就能遠離一切罪惡。透過精進不懈，即可於一切處安然、解脫、自在。

序　為什麼管不了自己的腦袋

記得二十幾歲的時候，我在台北林森北路一家麵店吃大滷麵的時候，隔壁桌來了一對中年男女，當他們兩人才剛坐下來沒多久，說時遲，那時快，一桶紅色的油漆已經潑了過來，比鄰而坐的我也遭魚池之殃，被潑了滿頭滿臉都是紅色油漆，接下來聽到「碰碰碰」槍響聲大作，我差點被流彈打到。警察及時趕到，將被打傷的人緊急送醫救治。經新聞媒體報導才得知這是一場財務糾紛惹的禍，債主找黑社會份子來仇殺。

在日常生活中，我們常常看到這樣的新聞報導，有許多人因為一時懵然未覺，失去省察的能力。也就是大腦管不住意念，不經覺察就蹦了出來，透過語言、行為、動作，直接傷害周遭的人事物。輕者傷了對方的自尊，重者令他人喪失生命。當身口意不受管制，就像三把利器不斷向外揮舞，嚴重時都會造成他人的生命危險。

現在整個地球是處在不安的狀態，天氣暖化加劇、南北極冰層正快速融化，突如其來的天災等，在各個地區不斷發生，造成糧食、能源、水源等等資源短缺危機，正衝擊著世界的經濟。人類所面臨的困境，影響速度加劇。人們為了生存，甚麼事情都比以前更急著求變求快，相對人的情緒越來越難控制，壓力越來越大，顯得更不耐煩，更容易暴躁。在如此大環境的驟變下，如果你自己的大腦控制不了情緒，肯定會因為動怒而帶來不可收拾的災難。

動怒除了會造成人際關係的破裂、壞了好事之外，還會傷肝，傷心臟、傷肺、傷腸胃、傷甲狀腺，抑制人體免疫系統的功能。哈佛大學研究發現，僅回想一下自己生氣的經歷，就會讓免疫系統功能受到長達6小時的抑制。而動怒也會導致肝氣鬱結出現月經不調、週期不規律、經量減少、血色暗紅等問題，甚至出現閉經或更年期提早到來，動怒只有百害而無一利。因此如何「不動怒」是每個人很重要的功課。

現代人最需要的就是「正念」，保持正念才不會被周遭的環境所干擾，有足夠的正念，就能輕鬆駕馭意念，阻止我們從事不正當的身業、口業、意業。原則上正念禪修三小時後，就能改善我們的注意力與自制力。然後練習把正念禪修的覺察力帶到您所從事的任何事情上，例如搭捷運、公車、火車，或走路上班、工作等等。正念禪修幾乎隨時隨地都可以進行，不受任何限制。

一念瞋心起，百萬障門開；一念瞋心起，火燒功德林。人一失去正念，就會有接踵而來的苦難，這都是妄念、邪念……等等所造作的業，導致我們落入身、口、意等罪業的陷阱，而不能自拔。尤其是犯了性罪，就是造了本性上的罪惡，如犯了殺、盜、淫、妄等罪，此事不需要佛來制定，誰犯了就會得到罪報。沒得商量，是非常可怕的！

前言

序　爲什麼管不了自己的腦袋　009

第一篇　我如何接觸禪修

你真的支配了你的大腦嗎!?　010

明明知道悔恨是痛苦的，　011

為什麼還有無窮的悔恨

不能做出把自己推向火坑的惡業　013

在禪修前保持身心潔淨的方法　015

無論站著還是坐著都能禪修　016

坐禪　016

行禪　020

適時的小參　026

避開不善心的十個關卡　032

第二篇 佛陀教你不煩惱

第二篇 佛陀教你不煩惱 049
渴愛消失，苦亦消失 051
保持正念的身心愉快法 052
正念的特相、功能、現起與近因 053
培養正念的四種方法 056
佛陀教你如何選擇 058
擇法的特相、功能、現起與近因 059
增長擇法覺支的七種方法 063
召喚永不放棄的勇氣 066
勇敢的心：質多比丘尼的故事 069
激發精進的十一種方法 078
如何讓自己不再悲傷 098
喜的特相、功能、現起 098

目錄

五種喜 099
培養喜覺支的十一種方法 101
讓身心真正的安定下來 111
輕安的特相、功能、現起與近因 113
發展輕安覺支的七種方式 115
淡定了，都好辦 118
定的特相、功能、現起與近因 118
生起定覺支的十一種方法 122
捨棄的智慧 127
調解內在的衝突 127
捨的特相、功能、現起與近因 130
培養捨覺支的五種方法 132
成熟的七覺支是不死 136
對治心病 137

第三篇　禪修者的11個提問　139

Q：憤怒如何影響禪修者　140
Q：我的心結總是干擾我修行　141
Q：如何讓心變得清明　143
Q：修行如何才能有成就　146
Q：如何引導自己的心　150
Q：為何有時我會忘記他人的幫助　151
Q：如何放下自己的煩惱　155
Q：我是否需要一位老師　158
Q：對治疼痛的方法　159
奇蹟般的治療　161
Q：怎麼觀察自己的心　167
Q：梵行的本質是什麼　171

第一篇

我如何接觸禪修

在禪修之前，我們必須先想清楚你修習禪定的原因，我們絕不能為了獲得別人的讚賞而修習禪定。先試著空下心，不帶雜念的了解佛陀的教法，並接受信任的老師或上師指導，希望自己也能如佛陀般清淨無染。

佛陀的教法可分成戒、定、慧三部分。首先提到戒，因為它是定、慧的基礎，其重要性再怎麼強調也不為過，缺少戒便無法進一步修習。對在家人而言，必須受持不殺生、不偷盜、不邪淫、不妄語、不飲酒等五戒。遵守五戒能使人清淨，一旦了解這清淨原本就在你心中，我們便可鼓勵他人，與他人分享法，使修行有進步。

你真的支配了你的大腦嗎！？

戒律並非佛陀傳下來的一套規矩，事實上，戒來自「易地而處」的感受。在生活中，有時你突然會有股不舒服的怒氣，讓你想對外發洩，但如果你是那個被波及到的人，便會覺得「莫名其妙，幹嘛對我生氣！」當你「易地而處」時便能了解，我們很容易在無意之間做出傷人的事。只要了解被傷害、不受呵護或不被信任的感受時，你就會避免傷害別人、不出惡言或是說謊。等你戒除憤怒的言行，不善心就會不再生起或是慢慢的減弱。

然而憤怒並不是我們會傷害人的唯一理由，同樣的，貪欲會使你對別人的東西心存邪念，日日掛心；性欲會使人邪淫他人伴侶，甚至造成家庭不和諧。同樣的，當你「易地而處」時，就會想盡辦法避免屈服在這些欲望之下。

我們要避免喝酒，是因為酒精會減緩中樞神經的反應速度，你會變的很不敏感，容易被剛才講的憤怒、貪欲和性欲所支配。飲酒者非常的危險，從語無倫次，暴怒發狂甚至是失去理智，沒有人能預測酗酒者的行為，因此戒酒是為了保護自己的方法。

明明知道悔恨是痛苦的，為什麼還有無窮的悔恨

如果你無法除去不善行猶如盲眼行走於山林之中，讓自己不斷暴露在危險的環境，也無法抵達任何安全的地方。你也許會為某個不善行找到合理的藉口，或

是一開始並不知道那是不善的，反省後才有無窮的悔恨、自責：「我做了一件蠢事！」悔恨是痛苦的，那感覺不是別人加諸你的。走在邪道上，為自己招來苦果，這種情況無論出現在何時都很可怕，但真正恐怖的是在人臨終時。

在臨終時，你過往的所作所為將會如雪花般一一浮現，那是無法控制的意識之流。若你的過去常保持正並做出許多布施的行為，心便會充滿溫暖與寧靜，而能平靜的死亡。若是你沒遵循心中的那把尺就會充斥悔恨和遺憾，你會想「生命如此短暫，我卻未做出任何一件對得起自己的事。」到那時，即使你有再多的財富也沒有任何幫助了，有些人此時才幡然醒悟而號啕大哭。

造惡業者不但要面對自己夜深人靜時內心的折磨，還會受到智者的牴觸。善良的人不會與不值得信賴或凶惡的人為友。他們終將會落到「雖萬人於旁卻僅能相信自己」的地步。現在有許多人都因為貪、瞋、癡而犯法，他們不是初犯，而是一犯再犯。他們終將會接受法律的制裁。也許，你非常的聰明，能避開法律的規範，但你仍無法逃過自己心中的天平。知道自己做錯事是痛苦的。你永遠是自己的最佳目擊者，你不可能隱瞞自己，也無法避免投生到三惡道。你造了業就會產生果報，即使果報不是當下出現也會跟你到未來的某個時間。

不能做出把自己推向火坑的惡業

我們只要了解哪些惡業是絕對不能碰觸的，就可以隨時提醒自己不要落入這些狀況了。若沒有調伏這些惡業的人是危險的，他可能隨時會落入惡行之中。

1. 身惡業

身惡業有三種。第一種是**殺生**，這與與仇恨、憎惡有關。如果人缺乏慈悲，便很容易起憎恨心，並將它轉換成行動。他可能會殺害、傷害或壓迫其他眾生。第二種是**偷盜**，邪行也會由貪產生，未受控制的貪會導致偷竊，或詐取他人的財產；**邪淫**是第三種身惡業。有強烈情欲的人，只對慾望的滿足感興趣，不顧別人的感覺而犯下邪淫。

2. 語惡業

語惡業有四種：第一是**說謊**；第二是**兩舌**，去搬弄是非；第三是**語帶傷害**、粗魯、低級與下流；第四種語惡業是**綺語**，使人想入非非。

3.意惡業

在心的層面有三種惡業：人也許會想傷害他人，或覬覦他人的財產，或沒有正見，不接受業的法則，認為個人行善作惡沒有果報，這是邪見、不善行。佛教將念頭視為一種業，「念頭」非常重要，因為它會產生行動。不相信「業」會導致不負責任的行為，並讓自己或他人受苦。還有其他不善心所，例如昏沉、掉舉與種種微細煩惱，被這些力量支配的人，稱為意惡行者。

十種惡業

1.身惡業：殺生、偷盜、邪淫
2.心惡業：說謊、兩舌、語帶傷害、綺語
3.意惡業：想傷害他人、覬覦他人的財產、沒有正見

在禪修前保持身心潔淨的方法

在禪修期間，我們可以做一些事情讓自己的心清淨，例如禁語與禁欲，若是能吃得清淡，降低對於食物的慾望更好。**在禪修期間，我們要降低自己的慾望，避免會引起三毒的事情**。

保持身體的潔淨有助於發展內觀與智慧。洗澡、修剪指甲與頭髮，並規律的排便，這是內在清潔。同時你也要保持衣服與周遭的整潔，如此可以讓心清明、敏銳，這也是時下常說的「斷捨離」。**當你在整理環境的同時，你也在整理你的內心**。當然，你不能因此耽溺於潔淨中。耳環、化妝品、香水都會讓你的外表變美，但是這種美是暫時、是膚淺的。沒有任何一種裝飾品能夠徹底的從內在散發出美，而持戒可以。持戒的美是發自內心並擴散到全身的，這適用於任何人，無論其種族、身分、年齡。而持戒並不能讓我們全然馴服心，我們要進行禪修才能讓心靈成熟，才能明白生命的本質。

無論站著還是坐著都能禪修

坐禪

佛陀建議，不論是森林裡的一棵樹下，或其他安靜的地方都適合禪修。禪修者應安靜、平靜的結跏趺坐，如果盤腿有困難，也可以用其他坐姿；而背部有毛病的人，坐在椅子上也無妨。為了使心達到真正的平靜，我們必須要讓身體處於平靜狀態，因此，選擇可以持久又舒服的姿勢十分重要。

打坐時背部要挺直，與地面成直角，但不要太僵硬。坐姿挺直的理由是：因為拱起或彎曲背部，會很快感到疼痛，若保持端身正坐，便可精力充沛的禪修。

閉上雙眼，把注意力集中在腹部，自然呼吸，不要用力，不急不緩，只是正常呼吸。你會漸漸感覺到吸氣與呼氣時腹部的起伏。現在要更專注在觀察的目標，使心專注在每個過程中，覺知腹部開始膨脹時的所有感覺，並在中間和結束階段保持專注；然後，覺知腹部收縮時的感覺。

雖然腹部的起伏有開始、中間與結束，這是為了讓你了解，覺知要持續且徹底，而非要你將整個過程分成三段。你必須仔細觀察每個動作，從開始到結束是一個完整的過程。不要盯著感覺看，尤其不要想知道腹部的動作如何開始或結束。

禪修時，重要的是，一方面要精進，同時也要有正確的目標，這樣心才會與感覺接觸。觀察所緣時，在心中默念著腹部的起伏，例如「起、起……伏、伏。」

有時心會散亂，你會出現妄念，這時，觀察你的心，覺知你正在想的事，讓自己清楚明白，安靜的觀察，在心中默念：「想、想」，然後回到腹部的起伏。

要將同樣的練習運用在其他所緣上，它們在六根門中（眼、耳、鼻、舌、身、意）的任何一門生起。雖然大家都很精進練習，但沒有人能永遠專注在腹部的起伏，其他所緣境必然會出現，會漸漸明顯。因此，禪修的範圍包括我們所有的經驗，如色、聲、香、味、觸、法等所緣境，以及想像的影像或情緒。當任何所緣生起時，要集中注意力觀察它，並在心中溫和的「說」出它。

禪坐時，如果有其他所緣影響覺知的心，使注意力離開腹部的起伏，就必須清楚觀察它。例如，有大的聲音在禪修時響起，在響起時要立即觀察它。將觀察聲音當作是直接的經驗，並默念「聽、聽」；當聲音漸漸減弱，不再明顯，觀察的心就回到腹部的起伏。這是禪坐時要遵守的基本原則。

在心中默念時，無須用複雜的語言，最好用簡單的字，對眼睛、耳朵與舌頭等根門，只要簡單的說：「看、看…聽、聽…嚐、嚐。」而身體的感覺，則可用較長的詞語，例如溫暖、壓迫、僵硬或移動等。心法的所緣（Mental objects）出現時，是變化萬千的，但仍然可以簡單區分為幾類，例如思考、想像、記憶、計劃等。千萬要記住，在默念時，目的不在獲得辭彙的技巧，而是要幫助我們覺知這些經驗的特性，而不會深陷在經驗裡，它可以培養心的力量與專注。禪定時，我們在身心上尋找一種深刻、清明的覺知，這種覺知會讓我們了解身心相續的本質。

禪修無須在一小時的禪坐後便結束，而是整天都可以練習。當你起身時，要仔細觀察每個動作，從想要睜開眼睛開始，「想要、想要……睜開、睜開。」去觀察心中想的，然後去感受睜開眼睛的感覺。繼續以敏銳的觀察力，觀察每一個動作，從每個姿勢的轉變，直到站起來開始走路為止。一天當中，都要保持覺知，並專注在所有的動作上，例如伸直手臂、彎曲手臂、拿起湯匙、穿上衣服、刷牙、關門、開門、閉眼、吃東西等。要覺知所有的動作，並在心中默念。

除了熟睡的幾小時外，你要在醒著的時刻中保持正念，這不是沉重的工作，只是在坐著、行走時，觀察任何所緣的生起。

行禪

在密集禪修期間，你可以一整天交替進行坐禪與行禪。在每天的生活中，行禪也很有幫助。禪坐前的一小段時間，例如十分鐘，進行正規的行禪，對心的專注很有幫助。此外，行禪所發展的覺知對我們很有幫助，因為身體在一天之中，總是四處活動。一小時是個標準時間，四十五分鐘也可以。行禪時，禪修者可選擇一條大約二十步長的小路，循著步道慢慢來回行走。

行禪可以發展平衡的覺知，以及持久的專注，在行禪時，可觀察到深奧的法，甚至證悟。事實上，不在禪坐前行禪的行者，就如開部耗盡電池的車一樣，很難在坐禪時啟動正念的引擎。

行禪由觀察走路的每個步驟組成，如果走得相當快，則觀察腿部的移動，並在心中默念：「左、右、左、右。」並覺知整個腿部的感覺。如果走得慢，就要注意每一隻腳的抬起、移動與放下，不論任何情況，都要把心放在走路的動作上。當你走到步道盡頭，立定、轉身，再度開始時，都要觀察有什麼動作發生。

過程中，絕對不要低頭看腳，除非地上有障礙物。在你專注在覺知感覺時，如果心中浮現出腳的景象就要想辦法放下。你要專注在感覺本身，專注在視覺中對你並沒有好處。對許多人來說，當你能單純的認知諸如光、痛、冷、熱等所緣時，就是件很棒的事。

保持敏銳的覺知，才能清楚的區分這些動作，開始時，心中默念每個動作，並保持覺知，直到動作結束。要記得，當腳開始向下移動時，要立刻注意放下的動作。

讓我們想一下提腳的動作，這動作並不難，但是你從提腳的那一刻就開始禪修了，起先觀察提起腳的過程，其中包含了許多感覺。禪修時，你知道自己在提起腳，但不要過度在乎此時的感覺，也不要因感覺太弱而失去興趣，把注意力全部放在這隻腳上，這樣有助於心的穩定。當心穩定，而你也很專注在腳上時，正念就會生起。只有這三者都存在時，你才能進入禪定的狀態。當然，定是心的集中、專一，它的特性是使心不會散亂。

當我們觀察提起腳的過程時，就會看到它好像成排的螞蟻爬過馬路一樣，遠看似乎是條靜止的線；近看時，它開始搖晃；再近一點，則分散成一隻隻螞蟻。於是我們知道，原來提起腳不是一個動作，而是許多動作連貫而成的。如此，從始至終，專注的看著提起腳的過程，那麼，心便會更接近你正在觀察的腳。當心愈接近時，就愈清楚看見抬腳過程的本質。這是人所令人驚奇的地方，當觀智經由觀禪而生起，並加深時，存在的實相就會以明確的順序顯現出來，隨著觀智的發展，禪修者便能知曉這順序。

禪修者最先體驗到的觀智，並不是藉由智力或思考能得到的，是直覺性的，你提腳的過程是由不同的心法與色法所組合而發生的，此時你會覺得身體的感覺和你的心結合在一起，但你又會覺得它們是分離的，你會感受到內心所生起的一連串念頭與你的身體如何相連結，如此你便會明瞭身體與心靈之間的因果關係。

我們會看到身心如何互相影響，當你想要抬腳時，身體移動的感覺便開始了，此時就是你的心影響了身體。當身體感到非常熱時，就有遮涼的慾望。這便是身體反應影響了你的心。當你了解因果有不同的表現形式時，你會感覺生命會比以前單純多了，那只不過是一連串身體與心靈的因果相應。這是傳統內觀發展中的第二個觀智。

隨著你繼續學習定，你可以更深入看到提腳的過程是無常、無我的，且以難以置信的速度出現，而後消失，這是可以直接看到的。這些行為的背後並沒有「人」，它們根據因果法則生起又消失。我們觀察腳的移動就像是以前的電影畫面是由一格格的底片所組成，但如果你加速底片的播放，它就能表現出彷佛真實世界般的畫面。

行禪有五種好處

佛陀說行禪有五種好處。第一是：常行禪的人可以增強長途旅行的耐力，這在佛陀時代特別重要，當時的比丘與比丘尼，除了雙腳以外，沒有其他交通工具。你可以想像自己是位比丘，並藉此**增強體力**。行禪的第二種益處是**增加禪修的耐力**，行禪需要加倍的精進，除了用來提腳的精進之外，還需要心的精進來覺知動作，這正是八正道中的正精進。如果你能持續的精進在整個抬腳、向前與放下的動作中，必能強化心的精進。

第三是坐禪與行禪的平衡**有益健康**。兩者交替，會使進步的速度加快。生病時很難禪修，坐太久會身體不適，然而更換姿勢與行禪，會使肌肉復原，促進血液循環與預防疾病。行禪的第四種益處是**幫助消化**。消化不良會導致不舒服，因而成為禪修的障礙。行禪能促進腸胃蠕動，保持通暢。飯後與禪坐前應該行禪，以驅逐睡意。在早晨起床後，立即行禪也是培養正念的好方法，同時還能避免在一天的第一段禪坐時就打瞌睡。

行禪的第五種益處是能**培養持久的專注力**。由於在行走時，心專注在每個動作，專注便會持續。每個腳步都在為接下來的禪坐建立基礎，使心專注在事物上，最後，顯現出實相的本質。所以我用汽車電池作比喻，如果汽車一直未發動，電池就會耗盡。一位不曾行禪的禪修者，很難在坐禪上有任何成就；而勤於行禪的人，則會在禪坐時保持穩固的正念與定。

> 行禪不僅幫助消化又有益健康、能夠增強體力、增加禪修的耐力、培養持久的專注力。

透過行禪能修習八正道

當禪修者在行禪時保持正念，當心隨著動作，以正念觀察所發生事物的本質時，佛陀所教導的解脫道，便在當下開啟。佛陀所說的八正道指正見、正思惟、正語、正業、正命、正精進、正念與正定。在正念強大時的每一剎那，八正道中的五個要素：正見、正精進、正念、正定、正思惟，都會活躍在意識中；由於我們對色法的本質有所了解，正見也會生起。八正道中的五個同時生起時，心便從煩惱中解脫。

當我們用清淨心去觀察事物的本質時，我們看到現象的生滅，就不會再受愚癡束縛。當我們了解心法與色法如何彼此相關，我們對「法」便不再有錯誤的觀念。由於看到每個所緣境只持續一剎那，我們對「常」就不再有幻想。也因為了解無常及其潛藏的苦，我們就會從「身心非苦」的幻想中解脫。

直接觀察「無我」，讓我們不再驕慢，並從永恆自我的邪見中解脫出來。在仔細觀察提腳的過程時，我們看到身心的苦，因此，不再受貪愛的束縛。有不滅之法之稱的三種心的狀態（我慢、邪見與貪愛），使我們不斷的輪迴，輪迴是貪愛與苦的循環，是對真理的無知所造成。專注於行禪能摧毀這「不滅之法」，讓我們接近解脫。

當然，以上對行禪的指導，以及對覺知的深度與細節的描述，也適於禪坐時，專注在腹部的起伏及其他所有身體的動作。

適時的小參

在禪修期間，禪修者應常常小參，最好每天都有小參。小參時，禪修者依下列方法表達經驗後，禪師會針對個別的細節提出問題，然後，才會簡要的給予評論或指導。小參相當簡單，你可以先用十分鐘談談禪修時的重點，把它當作是一項研究自己的報告，這就是內觀。試著遵守科學界使用的簡潔、嚴謹的標準。

小參的步驟

首先報告最近二十四小時內，你花在坐禪與行禪的時間分別是多少，如果你相當誠實，便可顯示出你對修行的誠意。其次，敘述你的禪坐，無須詳述每次禪坐，如果有幾次類似的禪坐，可將特色合併在一起報告。試著描述一次或多次最清楚的禪坐細節，從禪修最初的所緣境—腹部的起伏開始，然後加上在六根門生起的其他所緣境。坐禪的描述完畢後，接著報告行禪的練習。你只需敘述與行禪有關的經驗，無須說明像禪坐一樣連續生起的所緣境，如果你在行禪中使用三分法—提起、移動、放下，試著報告每個部分及其經驗。

對禪修中所生起的一切所緣，請以三個階段來報告自己的經驗。第一確認什麼生起了；第二你如何觀察它；第三你看見、感覺或了解什麼，也就是當你觀察時，有什麼事發生。讓我們以腹部的起伏為例，第一是確認腹部膨脹過程中出現了什麼—「腹部膨脹了。」其次，要去觀察，並在心中默念：「膨脹。」第三個階段是描述膨脹時發生什麼事。「當觀察膨脹時，我有不同的感受，也就是當時各種感受的變化。」然後，以相同的方式描述腹部收縮的過程，以及禪坐時其他生起的所緣境。先簡單報告所緣境的生起，如何觀察，以及接下來的經驗，直到所緣境消失或注意力轉移為止。

以譬喻來說明有助於了解。想像我坐在你面前，突然伸出手並張開手掌，你會看到我拿著一顆蘋果，你把注意力對準蘋果，認出它，並對自己說：「蘋果」。接著，你辨識蘋果是紅的、圓的，有光澤。最後，我闔起手掌，蘋果便消失了。如果蘋果是禪定的最初所緣境，你要如何報告有關蘋果的經驗？你會說：「蘋果出現了，我注意到它是蘋果，是紅的、圓的，有光澤，然後蘋果慢慢消失了。」你可以分三階段來報告有關蘋果的事。首先，當蘋果出現的刹那，你會察覺到。接著，你把注意力對準蘋果，知道它是什麼，由於你以蘋果為禪修的所緣，你在心中默念它。第三，你繼續觀察蘋果，並辨識其特質，以及它從你的視覺消失。這三個階段與觀禪所要遵循的步驟相同，不同的是你所觀察與報告的是腹部起伏的經驗。千萬要注意，當觀察虛構的蘋果時，不要臆想其多汁的樣子，或想像正在吃它。同樣地，在小參時，你的敘述只限於直接的經驗，而非對所緣境的臆想或發表意見。

除了接受禪師指導外，小參也很有幫助。禪修者通常會發現：做這種報告對禪修者有激勵作用，因為這會要求他們儘可能專注在所緣境上。

仔細觀察你的色身

對於所緣境漠不關心，散亂或失念，無意識的看著它，這是不夠的，這不是教你背誦一些腦海裡的東西。你必須專注的觀察所緣境，儘可能專注在所緣上，如此才能了知所緣境的本質。儘管我們很精進，但心會散亂，並非總是專注在腹部上。這時，新的所緣（散亂的心）會生起。要如何處理呢？我們要覺知散亂的心，這是第一階段；第二階段是在心中默念：「散亂、散亂」。它生起多久後我們才覺知到？一秒、兩分鐘？半小時？在我們默念後又發生什麼事？散亂的心立刻消失了嗎？心還散亂嗎？或思緒漸漸消失了？舊的所緣境消失前，又有新的所緣境生起嗎？如果你沒有注意到散亂的心，也要告訴禪師這件事。

當心不散亂時，就繼續觀察腹部的起伏。你應該敘述自己的注意力是否回到腹部上，在新的所緣境生起前，心停留在腹部起伏的時間有多長，在報告中說明這點也很好。

禪坐一段時間後，疼痛與不悅的感受一定會生起。假如新的所緣－癢突然生起，要記得默念「癢」，觀察是否愈來愈癢？有沒有改變或消失？有沒有新的所緣境生起，譬如想抓癢的欲望？這些都要儘量敘述。各種色、聲、味、冷熱、僵硬、震動、刺痛，心的所緣的生滅也是如此，不論何種所緣，都要應用三步驟的原則。

整個過程就像在進行一項沉默的觀察，不要問自己一堆問題而迷失在思慮中。重要的是，你是否能夠覺知所有生起的所緣，是否能保持正念，是否完整的觀察它們。對禪師要誠實，如果在心中默念後，還無法觀察任何所緣，並不意味著你的禪修都是失敗的，清楚的報告可以讓禪師幫助你練習，指出錯誤或加以糾正，讓你回到正道上。願你在這些小參指導中獲得利益，願將來有一天，禪師能協助你去幫助你自己。

保護正念的五個步驟

修觀有如耕耘一片花園，我們有種子：洞察力是用來觀察「法」的正念。為了栽培這顆種子，使植物生長，進而收成果實─無上的智慧，我們必須遵循五個步驟，稱為五種保護或五資助。就如園丁所做的一樣，我們必須在土地上圍起籬笆，以防止鹿與兔子等動物在植物發芽時，吃光它們。

第一種是「**戒資助**」：即戒的保護。戒能防止粗劣的行為擾亂我們的心，以免定與慧無法生起。接著必須為種子澆水，即須聆聽佛法開示，並閱讀經文，然後應用所獲得的智慧。過度澆水會使植物腐壞，此時我們的目的是為了釐清觀念，而不是讓自己困惑，這是第二種保護，稱為「**聞資助**」。第三種「**議資助**」：是與老師討論。這可用栽培植物的程序來比方。植物在不同時期需要不同的東西，要翻動根部附近的土壤，但又不能翻得太鬆，否則根部會失去抓地力；要小心翼翼的修整枝葉，剪掉枯黃的植物。同理，當與老師討論禪修時，老師會依不同的需要，給每人不同的指導，好讓我們走在正確的道路上。

第四種保護是「**止資助**」：指定的保護，避開如毛毛蟲與雜草等不善心。當

練習時，我們覺知當下在六根門（眼、耳、鼻、舌、身、意）生起的任何所緣。一旦心清明、專注，貪、瞋、癡就無法生起，因此，我們可以將定比喻為清除植物附近的雜草，或是使用非常有益且合乎自然的殺蟲劑。

有了上述四種資助，內觀便有機會開花。然而，行者有執取初觀以及執取與深定有關的經驗的傾向，這會阻礙他們的修行，而無法進入更深的內觀。於此，第五種保護「**內觀資助**」開始作用，這是強而有力的禪修，不會耽溺在因內心平靜而生的喜，或由定而帶來的樂。對這種喜樂的渴望稱為欲貪，它非常微細，就如蜘蛛網、蚜蟲、霉菌、帶有黏性的小蜘蛛，最後卻會阻止植物生長。當行者陷入這種圈套中，一位好老師可以在小參中發現這種情況，並將他推回正軌。所以，對禪修而言，與老師討論個人經驗是重要的保護。

避開不善心的十個關卡

禪修可以看作是善心與不善心之間的戰爭。處於不善這邊的是煩惱的力量—

即我們所知的十魔軍，意指能奪命者，他是扼殺美德與生命力的化身，他的軍隊早已嚴陣以待，準備攻擊所有的行者，甚至在佛陀成道之夜，也想要戰勝佛陀。

《經集》（Sutta Nipata）中有一段佛陀對魔羅說的話：

「愛欲是汝第一軍，不樂第二軍，飢渴第三軍，渴愛第四軍，惛眠第五軍，怖畏第六軍，疑惑第七軍，偽善驕慢第八軍，恭敬、利、名譽，邪行得名聲（第九軍）；稱讚自己，貶損輕蔑他人（第十軍）。魔羅！此是汝魔軍，黑魔之軍陣，無勇者不勝彼，獲勝得快樂。」

為了克服心中黑暗的力量，我們要修習四念處禪修法，它能給我們正念之劍，以及攻擊、防禦的戰術。在佛陀的例子中，我們知道誰贏得了勝利。現在，哪一邊會戰勝你呢？

① 愛欲

愛欲是第一魔軍。由於過去在欲界的善行，我們再度投生在這個世界，這裡如其他欲界眾生一樣，面對各種動人的感官所緣。甜美的音聲、芬芳的香氣、美好的觀念，以及其他令人愉快的外境觸動著我們的六根門，遇到這些外境的結果是生起欲望。令人愉悅的外境與欲望是愛欲的兩個基礎。

我們對家庭、財產、職業和朋友的執著，也構成這第一支軍隊。通常對有情眾生而言，這是很難征服的軍隊。有些人藉由成為比丘或比丘尼，離開家庭與所有執取的東西，來與它作戰。在密集禪修時，禪修者暫時離開家庭、工作，來與那些繫縛我們的魔軍戰鬥。

在你禪修的每一刻，特別是密集禪修時，你遠離許多令人愉悅的事物，在這有限的範圍內，你會發現，自己環境中的某些部分比其他部分要來得令人歡喜。這時，認出你正在應付的魔羅（你解脫的敵人）是有幫助的。

② 不滿

第二支魔軍是不滿於梵行，特別是針對禪修。在密集禪修時，你會發現自己的不滿與厭煩：坐墊的硬度或高度、供給的食物，以及禪修期間的任何事物。有些問題會突然出現，使自己無法沈浸在禪修的喜悅中，你可能會覺得禪修出了差錯。

為了與這些「不滿」戰鬥，你必須成為喜樂的人，好樂佛法，並獻身於佛法。一旦找到並運用正確的修行方法，你會克服這些障礙，此時，喜樂自然會從定中生起。這時，你會了解禪悅遠勝於欲樂，這就是喜樂的人的看法。然而，假如你的練習不夠徹底與慎重，那麼，你便無法發現佛法微妙之處，而會嫌惡在禪修時生起的困難。那麼，魔羅就會是勝利者。

再說一次，克服修觀的困難如同戰爭，行者要進攻、防禦，全憑他的能力而定。倘若他是強悍的戰士，就會進步；如果他比較懦弱，可能會暫時撤退，但不要慌亂或漫無目的的撤退。更明確的說，這種撤退是有計劃的，是以聚集力量，最後獲勝為目標。

有時對環境或其他禪修的資具感到不滿，不一定全然是魔羅的錯，不完全是因為心到處亂跑而引起，然而，不滿會妨礙禪修的進步。為了禪修，某些生活必需品必須是適用的，禪修者必須有適當的居所與飲食，以及種種協助。滿足了這些需求，他們才能全心全意禪修。

適當的環境需求，是九種增長五根的方法中的第四個，在前一章已有詳盡的討論。如果在禪修環境中發現有所不足，確實會妨礙禪修，那麼，採取一些行動來修正是必要的。當然，你要對自己與他人誠實，確定你沒有屈服於第二魔軍。

③飢渴

食物是個問題嗎？當第三魔軍飢渴再度襲擊時，也許行者只需克服對食物的欲求與不滿足。在古代，乃至現代，比丘與比丘尼的食物是依賴在家信徒的布施。比丘的習慣是每天到護持他的村落托缽，有時他可能住在偏遠的地區，只從小聚落中的幾個家庭獲得所有的食物，他的需求不一定每天都會得到滿足，在家的行者也是如此。

在密集禪修時，食物不會全部與家裡的相同，不會有你喜歡的甜食，或習慣的較酸、較鹹與重口味的食物。由於缺少這些味道，你的心受到干擾而無法專注，也因而無法看到法。在俗世也是如此，一個人可以花許多錢在餐廳，卻不喜歡那些菜餚。事實上，人們很少獲得自己喜歡的東西，他們不但對食物感到飢渴，也為衣服、娛樂，或新奇興奮的活動感到飢渴。這飢渴的想法與人們的需求有關。

如果你很容易滿足，那麼，採取對所有獲得的東西都感恩的態度，第三魔軍就不會干擾你了。人不會總是隨心所欲，但可以處在有益而適當的環境中。假如你努力專注在禪修中，你便能品嘗到真正的法味，那會令人感到無比的滿足。此時，第三魔軍在你眼中就像玩具兵一樣了。

飢渴是很難適應的，這種不舒服的感覺，任何人都不喜歡。當它們攻擊時，如果沒有正念，必然會開始打妄想。你會為了獲取想要的東西而提出許多理由：是為了禪修啊！為了心的健康，為了幫助消化。然後，到處攀緣，以獲取渴望的東西，身體也陷溺在追求渴望中。

④ 渴愛

渴愛是魔羅的第四支軍隊。有時，比丘可能在托缽結束時，缽尚未裝滿，或還未獲得適合他的食物，他可能決定繼續托缽，不回僧院去。這是尚未試過的新

路線，在這條路上可能會獲得渴望的珍饈，這新的路線可能很長。不論是否為比丘，人們可能很熟悉這種狀態，渴望先出現，然後計劃，接著四處奔走去獲得它。這整個過程可能會讓身心俱疲。

⑤ 昏沉睡眠

如此，第五魔軍昏沉睡眠就前進了。昏沉睡眠造成的困難值得詳述，因為它們總是出人意表。巴利語thina意為昏沉，實際上指怯弱的心：畏怯、退縮、黏著與染污的心，無法專注在禪修的所緣上。昏沉會讓心怯弱，也會引起身體的虛弱，懶散的心讓你無法端身正坐，行禪也會變得曳步而行。昏沉意味缺少如火燃燒般的精進。心變得頑強粗重，缺乏靈敏度。

雖然禪修者開始時很精進，但仍會昏沉，因此需要額外的精進來去除它。心的力量至少有部分受到阻礙，精進、念、尋與觸等善心所都被怯弱的心所覆蓋，它們的功用因此變得遲鈍，這種情況稱為昏沉睡眠。thina是昏沉，而middha是睡眠。禪修時，無須區別昏沉與睡眠，我們已熟悉心的狀態了。昏沉是受限制的狀態，就如監禁在極小的囚房，任何善心所都無法自由活動。昏沉與睡眠之所以合稱為「蓋」，是因為它是善心所的障礙。最後，魔羅的第五支軍隊能讓禪修完全停頓。

⑥ 怖畏

魔羅的第六支軍隊是畏懼與怯懦，它攻擊在偏遠地方修行的禪修者，特別是受到昏沉與睡眠的攻擊，而缺少精進力時。勇猛精進能驅除畏懼，對佛法清楚的了解也能排除恐懼，因為它會帶來精進、念與定。

佛法是在地球上可獲得的最大保護，對佛法要有信心，要修習佛法，佛法是畏懼的特效藥。持戒可確保人在未來擁有良善而喜悅的環境；修習禪定者的精神苦惱較少；而修慧則可引導人邁向涅槃：超越所有恐怖、危難。修習佛法才是真正在照顧、保護自己，而且扮演自己最好的朋友。

畏懼是憤怒衰弱的表現。你無法面對問題，因此等待機會逃離。如果你能以開朗放鬆的心，直接面對問題，畏懼就不會生起。在密集禪修時，不識佛法的禪

修者，在與其他禪修者或老師聯繫時，會感到畏懼，缺乏信心。

例如，有些禪修者極昏沉，他們在五個小時的禪坐中都在睡覺，一整天裡可能只有幾分鐘有清楚的覺知。這樣的禪修者，若與那些總是能進入深定的禪修者比較，會覺得自己比較差、膽怯且困窘。在緬甸，昏沉的禪修者偶爾會偷偷溜走幾天，會逃過小參，有些人就偷偷溜回家了。他們就如未做作業的學童一樣。假如這樣的禪修者能勇猛精進，他們的覺知就會變得有如太陽般熾熱，讓昏睡的烏雲蒸發消失，那麼，他們就可以勇敢的面對老師，樂於報告他們在修習佛法時親身所見。

在禪修時，不論遇到什麼問題，要鼓起勇氣誠實的向老師報告。有時禪修者會覺得自己的禪修陷入困境，事實上是漸入佳境。一位值得信賴又有資格的老師，可以幫助你克服這些不安全感，同時你也會以精進心、信心來修習佛法。

⑦ 疑惑

昏沉睡眠或許是禪修者懷疑自己能力的唯一理由，疑惑是魔羅的第七支軍隊：令人恐懼的軍隊。當禪修者從禪修時偷偷溜走，他可能會失去自信，若反覆思量情勢，通常無法進步。相反的，疑惑會生起，並慢慢擴大，首先是自我懷疑，然後懷疑修行的方法，甚至懷疑老師。例如：老師有能力了解這種情況嗎？也許這位禪修者是個特例，需要特別的指導；懷疑其他的禪修者敘述的經驗一定是虛構的。因此，對禪修時可以想到的每個方面都變得半信半疑了。

第七魔軍**vicikiccha**（疑）的意義比「疑惑」一詞更多，它是由於臆測而使心疲憊不堪的狀態。例如，被昏沉睡眠所攻擊的行者，便無法集中注意力來培養直覺的觀智。假如這樣的行者保持正念，他也許可以直接觀察到名色，並看到兩者的因果關係。

如果沒有實際的觀察，就無法了解名色的本質，因為人無法了解他從未看到的事物。現在這位失念的禪修者，開始訴諸理性與推理：「我在想名色是由什麼構成，它們的關係如何？」不幸的是，他只能以不成熟的了解，再摻入一些幻想來解釋自己的經驗。由於無法洞察真理，心因而騷動不安，於是感到困惑茫然，猶豫不決，這是疑惑的另一種型態，過度的推論會使人精疲力竭。

不成熟的慧，會讓禪修者缺乏信心，他的心會在各種選擇之間游移。由於他記得曾聽過的禪修技巧，因此他這種試一下，那種試一下，於是落入一大鍋雜碎之中，或許就此淹沒了。疑惑是修行者可怕的障礙。懷疑、推測的近因是心在尋求真理時，缺乏適當的作意，而有不適當的調整。所以，適當的作意是治療疑惑的方法。假如看的方向正確，就會看到事物的本質。為了你自己而如此看，你對它就不再懷疑了。

⑧ 傲慢不知恩

在克服疑惑之後，禪修者會了解一些「法」，不幸的是，魔羅的第八支軍隊—我慢與忘恩負義正蓄勢待發。當禪修者在禪修中經驗到喜悅、大喜和其他有趣的事時，我慢便會生起。此時他們也許會好奇，老師是否已達到這不可思議的境界，其他禪修者是否與他們一樣努力禪修等。

我慢常發生在觀智生起的階段，當禪修者觀察到現象剎那生滅時，那是不可思議的經驗。當具足正念，專注在所緣境時，在每個當下都可看到它們如何生滅。在這個階段，許多煩惱會生起，這些煩惱稱為觀染。由於這些煩惱會成為禪修的障礙，對禪修者而言，要清楚的了解它們。經典告訴我們：慢的特相是精進—極度的熱誠與熱情。十分精進，並充滿自我中心與自我讚美的想法，例如：「我多棒啊！無人可以與我相提並論！」

我慢的顯著特徵是頑強與剛硬，頑固自大，就如剛剛吞下其他生物的巨蟒，我慢的特徵也會表現為身體與姿勢的緊繃。我慢的受害者會有大頭與僵硬的脖子，因此會發現他很難謙恭的對人鞠躬。

⑨名聞利養與名實不副

魔羅的第九支軍隊是名聞利養與名實不副。當修行達到某種程度時，你的行為舉止會改善，會漸漸受人尊敬、欽佩，你也許會與他人分享佛法，或以另一種方式將對佛法的體驗顯現於外，這點經典已有清楚的說明。人們對你可能有很大的信心，也許還會給你帶來禮物與捐獻，傳說你是個證悟者，能開示很棒的佛法。此時你很容易屈服於魔羅的第九支軍隊。這些人的崇敬與尊重可能沖昏你的頭，你也許會巧妙、公然的向信徒索取更多的捐獻。你會覺得享譽四方是理所當然的，因為你確實比別人優秀；虛偽的野心取代了你助人的初衷—教學的動機，以及與他人分享自己在修行中獲得智慧的動機。你的想法可能會是：「哎呀！我真棒！我多麼受人歡迎！不知是否有人和我一樣棒？我可否讓信徒買輛新車給我？」

第九魔軍的第一大隊是物質的「利益」（利養）：接受信徒或崇拜者的禮物；而這些人的「崇敬」是第二大隊；第三大隊則是「聲譽」或「名望」（名聞）。魔羅的第九支軍隊主要攻擊的對象，是那些在禪修上有優秀成果的行者，它的攻擊不一定需要一群信徒。

「希望有所得」會攻擊大部分的在家行者，通常他們渴望在密集禪修時有更豪華的設備，或穿上一套新衣。他也許會對自己的修行感到自豪，希望被公認為偉大的行者，修行不深的人最容易受到這種影響，被自己的成就欺騙。禪修者一旦有過一、兩次有趣且有點深度的經驗，就會變得過度自信，他可能很快就想要走上佛法的講台，去教導他人，成為景仰與讚美的對象。這種人會教導假的內觀，不但無經典根據，也無深厚的修行經驗，可能會誤導學生。

為了征服第九魔軍：名聞利養，你的動機一定要真誠。如果你禪修是為了想獲得捐獻、恭敬或名聲，你不會有任何進步，經常審查動機很有幫助。如果你的進步名副其實，且出自真心誠意，而後來卻貪求利養，你會陷溺、沉淪，這樣的人無法過平靜的生活，而且會受許多苦。若滿足於易得的利益，便會忘記禪修的目的，並做出惡行，若無法增長善法，修行就會退步。

我們相信痛苦有個終點，而且可以經由修行佛法止息痛苦，這種真誠的動機使我們不貪求利養與名聲。對人類來說，生命意味著很痛苦的出生過程，而死亡在終點等著。在這兩者之間，我們會陷入疾病、意外、年老的痛苦，還有情感上的痛苦：求不得苦、沮喪、失落與怨憎會苦。

為了解脫一切痛苦，我們坐禪、修習佛法─邁向涅槃的解脫之道。有些人去參加密集禪修，放下世間的活動，例如生意、教育、社會義務與娛樂的追求等，因為我們相信痛苦終究會結束。事實上，我們可以把任何止息煩惱的地方，視為密集禪修之地，當你來到這地方，即使只是為了禪修所設定的客廳一角，即是巴利語所謂的「出家者」，意指「為了止息煩惱而離開世俗的人」。

為何要止息煩惱？煩惱有極大的力量來折磨、壓迫人。煩惱如燃燒、折磨人的火，當人生起煩惱時，就會燃燒他，使他枯竭，並折磨與壓迫他。煩惱實在是一無是處。

⑩ 自讚毀他

我們對痛苦多少有些覺知，它出現在出生、活著與死亡時，生命中痛苦的經驗常常讓我們想克服痛苦，過得自由平靜。或許就是這個願望，或是對此堅定的信念，讓你翻閱這本書。

在我們修行的過程中，這個根本目標，會受到修行副產品的暗中破壞。我們曾討論名聞利養如何成為解脫的障礙，同樣的，魔羅的第十支軍隊：自讚毀他，也是解脫的障礙，這是一場禪修大師要面對的戰役。

自我讚揚常在修行有成就時發生，這也許是一種持戒精嚴完善的感覺。我們可能會太自負，會不可一世的說：「看那些人，他們並未好好持戒，不像我一樣聖潔、清淨。」若發生這種事，我們就成為魔羅第十支軍隊的受害者了。這最後一支軍隊，或許是所有軍隊中最致命的一支。在佛陀時代，提婆達多就在它的影響下試圖殺害佛陀。他對自己的神通與在禪定上的成就感到自豪，然而當毀滅性的想法生起時，他失去正念，也無力防禦它們。

第二篇

佛陀教你不煩惱

人不能只透過凝視天空而覺悟；或經由閱讀、研究經典而覺悟；或藉由思考而覺悟；也不會因發願就突然靈光乍現而覺悟。要開悟必須有某些必要或先決條件，巴利語稱為覺支，指覺悟的因素，共有七個。

覺支一詞是由覺與支構成。覺指覺悟或覺悟者，而「支」指發生的因素，因此，覺支成為覺悟者的因素，或覺悟的因素。覺支的第二個意思是根據巴利語的字根的另一種意義。「覺」指能理解或領悟四聖諦：苦、集（苦的起因）、滅（苦的止息）、道（滅苦之道—八正道）的知識；而「支」指部分。因此，覺支的第二個意思是指了解四聖諦的特定知識。

所有的內觀行者對四聖諦都有某種程度的了解，但要真正了解它們，則需要一個特別的、轉變的意識：道心。這是修觀達到極致的狀態，包括涅槃的經驗。一旦有此體驗，行者便會徹底了解四聖諦，人們因此認為他擁有覺支，並稱之為聖者，因此，覺支是聖者具有的特質。有時也稱之為「等覺支」，字首sam譯為完整、完全、正確或真實，表示敬意或加強語氣，字義上並無差別。

渴愛消失，苦亦消失

禪修者會發現一切名色都有苦的特相。此時，可說看到第一聖諦了。在名色發生的剎那保持正念，就不會生起渴愛，隨著捨離渴愛，便會看見第二聖諦：渴愛是苦的根源，渴愛消失，苦亦消失。當無明和其他煩惱消失了，便會看到第三聖諦－苦的止息。當正念或智慧現起時，這一切都會瞬間發生。見到四聖諦表示八正道的開展，這樣的開展將在正念的每個剎那發生。

因此，可以說在某個層次上，禪修者會在正念或智慧現前時見到四聖諦。這將帶我們回到前述覺支的兩個定義，正念是洞見實相本質的心的一部分，也是覺悟知見的一部分。它會出現在了解四聖諦者的心中，因此稱為覺悟的因素：覺支。

七種覺悟的因素或聖者的七種特質是：正念、擇法、精進、喜、輕安、定、捨。在修觀的所有階段中，都能發現七覺支，如果我們以內觀的開展階段作為標準，那麼，七覺支變得非常明顯，是在行者初見諸法生滅的「生滅隨觀智」的階段。

如何培養七覺支呢？必須透過四念處禪修法。佛陀說：「比丘啊！如果持續不斷的修習四念處，七覺支就會自動完整的增長。」修習四念處不要去研究、思考它們，或聽與它們有關的開示，或討論它們；我們必須根據經驗直接覺知四念處，四念處是以「正念」為基礎。

《念處經》將之分為：一、身念處：身體的感覺；二、受念處：在每個經驗中，苦、樂或不苦不樂的感受；三、心念處：心和念頭；四、法念處：心的所有所緣境，如見、聞、嚐到的東西等。此外，佛陀說：修習覺知，要持續且重複，不應間斷。這是我們在修觀中試著做的，由馬哈希尊者所教導與開展的觀禪，即是遵循佛陀的指導，發展七覺支，以及最終體驗聖道心。

保持正念的身心愉快法

正念是第一個覺悟的因素。正念必定是動態的是直接面對的。在禪修營，我教導正念應該緊緊跟著所緣境，深入觀察所緣境，不錯過任何部分。為了表達正念的意思，我經常用觀察力這個詞來翻譯sati（念）而非用mindfulness來翻譯它。我希望大家能記住念（sati）的特質。

透過正念的三個層面：特相、功能和現起，我們可以深入了解正念的意義。在阿毗達摩中，這三個層面是用來敘述心所的分類。在此，我們會運用它們來學習每個覺支。

正念的特相、功能、現起與近因

1. 特相：非表面的

正念的特相是非表面的，正念是敏銳的、深奧的。如果我們把軟木丟在小溪裡，它會在水面上載浮載沉，並順流而下。如果我們丟的是一粒石頭，它會立刻沉到水裡；同樣的，正念也會讓你深深的沉入所緣境，而不是從表面滑過。

當修習四念處時，你以觀察腹部的起伏作為你的所緣境，你非常堅定，集中注意力，使心不會跑掉，能深深沉入腹部的起伏過程。當心沉入這些過程，你會了解緊繃、壓力、移動的本質。

2. 功能：使所緣境歷歷在目

正念的功能是使所緣歷歷在目，既不忘卻，也不會讓它消失。當正念現前，會注意正在發生的所緣而不忘失。

為了讓正念的特相與功能（非表面的與不忘失）在練習時清楚出現，我們必須了解和修習念的第三個層面—現起，它會培養並帶領其他兩者。

3. 現起：面對所緣

「念」最主要的現起是「面對」：讓心直接面對所緣。

就如你沿著街道走，遇到一位旅者迎面而來；在禪修時，你的心應直接面對所緣，正念才會生起。

據說人類的面貌是此人性格的指標，如果你打量某人，那麼仔細看著他的臉，便可做初步的判斷。如果不仔細觀察面貌，注意力被身體其他部位引開，便無法準確判斷。

同樣的，禪修時，你必須仔細觀察所緣境。只有當你仔細的觀察所緣，才能了解它的本質。當初次看到時，會有全面的印象；如果更仔細的看，便會發現眉毛、眼睛與嘴唇等許多細節。首先，你必須以整體的方式來看，然後細節才會漸漸清楚。

當你觀察腹部的起伏時，同樣的，你要先觀察整個過程。首先，讓心面對腹部的起伏，在幾次成功之後，便能看得更仔細，細節將毫無困難的顯現，歷歷在目。你會在腹部起伏中觀察到不同的感覺，例如膨脹、收縮、冷熱或移動等。

隨著禪修者一再重複面對所緣，他的努力開始開花結果。正念開始生起，且漸漸穩固的在觀察所緣，沒有任何失誤，所緣不會從觀察中離失，既不會溜走，也不會消失，更不會因失念而遺忘，煩惱無法在強大的正念中生起。如果能長時間保持正念，由於煩惱消失，禪修者會發現心非常清淨。沒有煩惱是正念現起的第二種狀態。當正念持續不斷時，智慧會生起，就能洞見身心的本質。禪修者不但會了解實際體驗到的腹部起伏的感覺，也知道發生在自己身上各種名色的特相。

4. 近因：正念是正念的因

正念的第一因莫過於正念本身。當然，禪修初期較弱的正念，與禪修所培養的強大正念，兩者有些微差別，後者強大到足以導致覺悟。事實上，培養正念是動力（momentum），前一剎那的正念會引發下一剎那的正念。

培養正念的四種方法

註釋書指出有四種方法可以加強、幫助培養正念，直到它足以稱為覺支。

一、念與正知

第一個是念正知，通常譯為「正念與正知」。此處的正念在坐禪中現前，在觀察主要所緣與其他所緣時現前。正知指更廣義的正念：觀察走路、伸展、彎曲、轉身、側視，以及日常生活中的正念。

二、遠離沒有正念的人

第二個培養正念的方法，是遠離沒有正念的人。如果你努力讓自己保持正念，卻遇到一個沒有正念的人，使你陷入冗長的辯論，你可以想見自己的正念如何快速消失。

三、選擇有正念的朋友

第三個培養正念的方法，是與有正念的人來往，他們是激勵人心的泉源。在重視正念的環境中，花時間與他們相處，會使你的正念增強。

四、心向正念

第四個方法是心向正念。這意味著將正念視為第一優先，在各種情況下讓心具足正念。這非常重要，它創造一種不失念、不茫然的感覺。要儘可能避免那些無法讓正念生起的活動，你知道這當中有許多選擇。

禪修者需要覺知當下所發生的一切事情。在密集禪修時，你將放下社會關係、書寫與閱讀，甚至讀經。吃飯時，要特別注意不落入習性中，你要思考時間、地點、食量，以及吃的食物種類是否真的必要，否則就必須避免這些不必要的事物。

佛陀教你如何選擇

心若被黑暗籠罩，一旦觀智或智慧生起，光明便會來臨。光明使得名色顯現，讓心可以清楚的看見它們。就如在黑暗的房間中，給你一支手電筒，你便能看到房間裡的東西。用這例子說明第二覺支：擇法。

擇法一詞也許需要加以解釋。禪修時，它並非思考，而是直覺的，有辨識能力的觀智，可辨別法的特性。巴利語 vicaya通常譯為簡擇，也是智慧的同義詞。因此在修觀時，真正的「擇法」不可能什麼也未揭露出來。當擇法出現時，簡擇與智慧同時生起，兩者是一體的。

我們要簡擇的是什麼？我們要簡擇「法」。法有許多涵意，是個人可以親身體驗的。通常「法」指的是現象、心（名法）與物（色法），也指支配現象運作的法則；而佛法則是佛陀的教誨，佛陀了解「法」的本質，並幫助他人追隨他的道路。根據註釋書的解釋，「法」在簡擇的情況下別具意義，它是指每個所緣中所呈現的自相或特質，以及與其他所緣共有的共相。因此，在禪修時，我們必須去發現自相與共相。

擇法的特相、功能、現起與近因

1. 特相：了解法的本質

擇法的特相是經由非智力的辨別來了解「法」的本質。

2. 功能：驅走黑暗

擇法的功能是驅走黑暗，當它生起，覺知的領域會變得明亮，照亮觀察的所緣，心便能看到其特相，並洞悉它的本質。以更高的層次來說，它有去除黑暗籠罩的功能，讓心得以深入涅槃。那麼，你會了解，擇法是修行中非常重要的覺支。當它微弱或消失時，就有麻煩了。

猶如走入漆黑的房間，你會有許多疑惑：「我是否會被絆倒？會撞到小腿？或撞到牆壁？」你的心非常困惑，因為不知道房裡有什麼東西，以及它們位在那裡。同樣的，當擇法消失時，禪修者會處於混亂與困惑的狀態，充滿疑惑：「有

『人』嗎？或沒有『人』？有個自我嗎？或沒有自我？我是否是一個個體？有靈魂嗎？或沒有靈魂？是否有鬼？」

你可能會產生這些疑惑，懷疑無常、苦、無我的教理：「你確定每件事都是無常嗎？也許有些事情不像其他那麼苦吧？或許有自性，只是我尚未發現而已？」也許你會覺得涅槃只是老師捏造出來的神話，其實根本不存在。

3.現起：愚癡的消失

擇法的現起（是愚癡的消失。當擇法覺支生起，每件事物都變得明亮無比，心清楚的看到名法和色法的本質，你不再擔心會撞到牆了。對你而言，無常、苦、無我會變得相當清楚。最後，你會深入了解涅槃的性質，不再懷疑它的真實性。

擇法為我們顯示出勝義法的特性，簡單的說，勝義法不是藉由概念的禪修，而是能直接體驗到的所緣境。有三種實相：色法、心法和涅槃。

色法由地、水、火、風四大種所構成，每一種都有其固有的、獨特的特性。

當我們說「有…的特相」時，也可說是「有…的體驗」，因為我們以身體、感覺去經驗這四大種的特相。地的特相是堅硬；水的特相是流動與凝聚；火的特相是冷熱等溫度；風的特相則是緊繃、貫穿、移動。心法也有特相，例如心有認知所緣的特相，而觸心所則有接觸的特相。

請立刻將注意力移到腹部的起伏上，對這動作保持正念，你知道它是由感覺所構成。緊繃、壓力、移動，這些是風界的現起，你也會感受到冷熱等火界，這些感覺都是心的所緣，是你簡擇的法。如果經驗是來自直接的認知，而你又以特定的方式覺知你的感覺，那麼便可以說有了「擇法」。

擇法也能分別法的其他相貌。當你觀察腹部起伏的動作時，可能會觀察到兩個明顯的過程：一是色法，緊張與移動的感覺；一是意識，指正在觀察的心，能覺知這些所緣；這是了解事物本質的觀智。繼續禪修，其他的觀智也會隨之生起。你會看到所有的「法」都有無常、苦、無我的特相。擇法覺支會讓你看到每個名法和色法的共同的本質。

隨著對無常、苦、無我的觀智成熟，便能了知涅槃。在此情形下，「法」指的是涅槃。因此，擇法也指對涅槃有識別力。

涅槃的特點是，它不具有諸法所擁有的可感知的共相，但有其自相：恆常、無苦、大喜與安樂。如其他所緣，涅槃也是無我，但其「無我」的性質與諸法的「無我」不同，它是大樂與永恆。當心深入涅槃，這種差別，透過擇法（詳細簡擇、觀察法）變得明顯，它引領我們到達此處，讓我們清楚的觀察。

自然生起的觀智是擇法的因

我們可能會想知道如何讓擇法覺支生起。根據佛陀所說，只有一個起因：一定要有自然生起的觀智，這是直接的領悟。為了證得這種觀智，你必須具足正念，敏銳的覺知任何生起的事物，心便能洞察諸法的本質，這需要明智的觀察，適當的觀察。你具足正念的將心朝向所緣，就會擁有最初的觀智或直接的領悟。由於擇法覺支的現起，進一步的觀智會依序生起，就如兒童從幼稚園到高中、大學，最後畢業一樣。

增長擇法覺支的七種方法

註釋書提到有七種方法可以使擇法覺支生起。

一、多詢問

首先是提出有關佛法與禪修的問題。這需要找一個熟諳法的人，並與他討論。對西方人而言，這項要求一定能輕易達到，因他們善於提出複雜的問題。這是良好的能力，有助於開發智慧。

二、保持清潔

第二是保持身體與外在環境的清潔。保持內部的清潔，是指規律的洗澡，保持頭髮與指甲的整潔，並使排便通暢。保持外部清潔是指穿整齊清潔的衣服，並清掃整理住處。這會使心清明，因為當目光落在污穢與雜亂無章的事物上，心容易混亂，若環境清潔，心就會變得清明，心處於這種狀態有助於增長智慧。

三、平衡的心

第三種使擇法覺支生起的助緣，是平衡信、精進、念、定、慧等五根。其中的慧與信、精進與定等四項是成對的，禪修時，五根必須平衡。如果「信」強而慧弱，便容易受騙（盲目的信仰），或因過度虔誠而迷信，這是修行的障礙。然而，如果理解力太強或聰明過度，心會狡猾並想操縱一切，人會在很多方面欺騙自己，甚至包括真理。

精進與定的平衡也是如此：若過度狂熱與精進，心會變得興奮，無法適當的觀察所緣，注意力會轉移或散亂，會產生許多挫折。然而，過度專注則會昏沉。當心靜止時，容易專注在所緣上，但此時可能會放鬆、舒適的坐著，不久便會開始打瞌睡。

五根的平衡是禪師們必須了解的，才能指導學生。維持五根平衡最基本的方法，以及在五根失去平衡時重新建立的方法，就是加強念根（具足正念）。

四、遠離愚痴的人

五、結交有智慧的朋友

第四與第五項有助於擇法覺支的方法是遠離愚痴、沒有智慧的人，並結交有智慧的朋友。什麼是有智慧的人？某人深入經藏，而另一人也許能清明的思考事情，如果你與這些人交往，在理論方面的學習一定會增強，而且會培養出一種哲學的態度。另外一種有智慧的人，能給你超越書本所能給予的知識與智慧。經典告訴我們，這種人的先決條件，是他必須禪修，並達到「生滅隨觀智」的階段。如果禪修者未達到這階段，他絕對不應教導禪修，因為即使與他的學生交往，也無法使他們的擇法覺支生起。

六、法隨念

第六項培養擇法覺支的方法是仔細思考甚深的佛法。教我們去思考某些事，也許有些矛盾，基本上，是指從「觀」的角度（蘊、界、根等都是無我的）去思考名色的本質。

七、完全奉行

最後一項增長擇法覺支的助緣是全心全意培養七覺支。禪修者應該不斷的增長擇法覺支，能直覺的領悟。記得只管禪修，無須使你的經驗合理化，那麼你會獲得第一手經驗。

召喚永不放棄的勇氣

精進，指使心持續觀察所緣的精力。巴利語將精進視為英雄本色，指英勇的狀態。這讓我們在修習時了解精進的特質是勇猛的努力。

努力而勤勉的人，不論做什麼都有能力展現英雄氣概，事實上，是精進使他們具有英雄特質。勇猛精進的人會勇敢向前，在執行工作時，不怕面對困難。論師們說：精進的特相是在面對痛苦或困難時持久的耐性，它是一種即使得咬緊牙關，無論如何也要貫徹到底的能力。

行者從一開始禪修，便要有耐心和接受。如果來參加密集禪修，你將放下平日生活中的習慣與嗜好；要睡得很少，睡在小房間中的床墊上；起床後，花一整天的工夫，一小時接著一小時努力的盤腿靜坐。除了刻苦的修行外，還必須忍受心中的苦－對家中美好物品的渴求。

此外，當你靜下心來禪修，便可能經歷身體的抗拒與疼痛。假定你試著盤腿坐上一小時，才坐下十五分鐘，令人厭惡的蚊子來咬你一口，好癢！最後，你的脖子有點僵硬，雙腳逐漸麻木。你可能變得急躁，習於舒適生活的你，溺愛身體，又嬌生慣養，有點不舒服就改變姿勢。而現在，你的身體必須受苦，因為身體受苦，你也跟著受苦。

不愉悅的感覺有讓心疲憊、迷惑、退縮的能力。想放棄的念頭可能很強，你的心也許充滿各種藉口：「我只要把腳移動一小吋就好，這能增加我的定力。」或許不消多久，你便屈服了。

耐心忍受

你必須勇猛精進，以忍耐來面對困難。如果你愈精進，心便愈有力量，以耐心和勇氣來忍受痛苦。精進有讓心清明與堅毅的力量，在困境中也是如此，你可

以鼓勵自己或尋找相契的朋友、導師的鼓舞來增強它。以精進來強化心，心會再度緊繃、強壯。

振作疲憊的心

註釋書說精進有振作的功能，當心遭受痛苦而枯萎時，它可以使心振作。想想一棟老舊傾頹的房子，輕輕一陣風就能讓它坍塌。如果你以二吋厚、四吋寬的木材來支撐，房子便能維持下去。同樣的，痛苦萎縮的心會因精進而振作，並生氣勃勃的繼續禪修。你可能已經親身體驗過這種利益。

受慢性病折磨的禪修者，可能對一般的修習方法感到困難，因為疾病會消耗精力，這種重擔也會令人洩氣。有病的禪修者在小參時非常絕望，這並不令人意外。他們覺得毫無進步，一再遭遇挫折，一切都徒勞無功。他們會生起想放棄密集禪修或停止禪修的念頭，有時我以一些開示或幾句鼓勵的話來解圍，他們便會精神奕奕，然後再禪修一兩天。

獲得鼓勵與激勵是很重要的，不論是來自自己或幫助自己的人，當你動彈不得時，可以推你一把。

勇敢的心：質多比丘尼的故事

精進的現起是果敢、英勇、勇敢的心。佛陀住世時有位質多（Citta）比丘尼，她的故事可以說明這特質。有一天，她觀察與生俱來的身苦和心苦，而有很強的迫切感。結果她捨俗出家，希望能解脫痛苦。不幸的，她患了一種慢性病，會毫無預警的痙攣，有時好，有時則突然生病。她是位有決心，不輕易放棄的女子，她想要解脫。當她健康時就專心努力，生病時雖然步調較慢，卻毫不鬆懈。有時她的禪修充滿活力，如有神助，然而當疾病攻擊時，就會退步。

其他的比丘尼擔心質多對自己過度嚴苛，提醒她要放慢腳步，照顧身體，但質多並不接受，她繼續禪修。日復一日、年復一年，她漸漸衰老，必須靠著拐杖才能行走，身體雖然瘦弱，心卻非常堅定。有一天，質多實在厭倦這一切障礙，並下定決心，對自己說：「今天我要竭盡所能，完全不顧身體，不是我死，就是煩惱止息。」

質多拄著枴杖，以正念一步步往山丘上走去。衰老瘦弱的她，偶爾必須彎下身來爬行。她的心堅定、勇敢，完全獻身於修行，她向山頂邁出的每一步、所爬行的每一吋，都具足正念。當到達山頂時，她已精疲力竭，但並沒有失念。

質多再度下定決心，要一次消滅煩惱，否則就是被死亡所消滅。她儘可能練習，在那天將盡時，終於達成了目標。她充滿喜樂，帶著有力、清明的心下山，這與爬行上山的質多有天壤之別。現在的她精神飽滿又強健，可以清楚、平靜的表達，其他比丘尼看了驚訝的問道，是什麼奇蹟改變了她。當質多說明發生在她身上的事時，比丘尼們充滿了敬畏與讚歎。

佛陀說：「一天勤勉的禪修生活，勝過百年的懈怠。」在政治、商業、社會與教育的領域中，我們會發現領導者往往是努力工作的人。努力工作會使你達到任何領域的巔峰，這是事實，在禪修時，精進扮演的角色也如此顯著，禪修要花許多精力，你必須努力保持正念，在努力中，怠惰不會生起。

能蒸發煩惱的熱

佛陀說精進如熱。當心勇猛精進便會變熱，這種心的熱度能蒸發煩惱。我們可以將煩惱比喻為濕氣，心缺乏精進便容易懈怠，因而增加負荷。然而，如果有很強的精進力，便能在煩惱生起前，把它們去掉。因此，當心充滿精進力，煩惱就無法生起，不善心也不會生起。

物質的分子，熱顯現為逐漸增強的振動，事實上，一根熾熱的鐵棒是迅速振動著，變得可以彎曲、加工。禪修也是如此，當精進力很強時，心也呈現出敏銳的狀態，精力充沛的心能輕易迅速的從一個所緣移到另一個所緣。接觸到「法」時，能銷熔堅實的妄想，因此可以清楚的看到它滅去。

當禪修的衝勁很強時，精進會持續不斷，就如鐵棒雖離開火很久，仍然熾熱一樣。遠離煩惱，心會變得清明，能清楚的覺知正在發生的事。心變得敏銳，當諸法生起時，對觀察其細節具有極濃厚的興趣。這種精力充沛的念，讓心深入觀察所緣境，並停留在那裡，不分心、不散亂。一旦有了正念與定，直覺領悟，智慧就會生起。

由於勤勉精進，念、定與慧等善心所隨後生起、增強，同時也生起其他的善法與安樂。心清明而敏銳，開始深入實相的本質。

怠惰的缺失和解脫的喜悅

相反的，如果懶散與怠惰，注意力就會變得遲鈍，而有害的心法會悄悄潛入心中。當失去專注的焦點，你不在乎是否有善心，也許會認為禪修可以在沒有幫助下，靠慣性進行。這種怠惰會暗中破壞你，讓你慢下來。你的心會變得沉重，充滿否定與不善的心所，就如被遺忘在雨中而發霉的皮夾。

煩惱會把心拉到欲樂中。不精進的人，會屈服於貪欲，他們會一再的陷溺在欲樂中。如果精進心生起，心便會從中解脫，變得非常輕盈，猶如火箭成功的進入無重力的外太空一樣。從渴愛、瞋恨中解脫，心將充滿喜悅、平靜，以及其他愉悅、解脫的心法，這種愉悅只有透過精進才能享受到。

你可能經歷過這種解脫。也許有一天你在禪修時，正好有人在附近烘烤餅乾，一股香氣飄來，如果你有正念，就會把香味當作所緣來觀察，你知道它是愉悅的，但不會生起貪欲或執取，不會想去要餅乾來吃。當不可意的所緣生起時，也不會感到厭惡，迷妄與愚癡也會消失。當你清楚的看到名色的本質時，不善根便無法控制你了。

對禪修者而言，食物可能是最困難的部分之一，特別是在密集禪修時。將貪欲的問題擱置一旁後，禪修者通常會對食物感到強烈的厭惡，當人具有正念時，便會發現，對食物感到食之無味。當練習加深時，有些禪修者發現食物是那麼可厭，以致無法多吃一兩口；當體驗到強烈的喜時，禪悅會變成他們心靈的糧食，而完全喪失食欲。這兩種類型的禪修者都應克服最初的反應，並努力食用足夠的食物以維持體力。當身體缺乏營養時，會喪失力氣與毅力，並破壞禪修。

人也許會夢想獲得精進的益處，如果不努力，便是在厭惡中打滾，巴利語稱這種人是怠惰者（**kusita**）。在這世上，一個不工作而無法維持自己與家庭的人，會受到他人的輕視，也許會被稱為懶骨頭，或受到他人的羞辱。**Kusita**指受到辱罵的人。禪修也是如此，精進是很重要的，無法振作精神來面對困難、畏畏縮縮的禪修者會被視為「臨陣脫逃」，他沒有勇氣、膽量，一點也不英勇。

怠惰的人過著悲慘、痛苦的生活，不僅無法獲得別人的尊重，也容易在懈怠時生起煩惱。然後，心會受到三種錯誤思想的攻擊：渴愛、壞滅與殘酷的想法，這些心境會令他們壓抑、痛苦、不愉快，也容易受到昏沉睡眠的突襲。此外，不精進，便很難受持基本戒律，破戒是個人的損失，他會失去戒行清淨的喜悅與功德。

懈怠嚴重破壞禪修，它會使禪修者失去觀察事物本質的機會，或將心提昇到更高層次的機會。因此，佛陀說懈怠者有許多損失。

堅忍不拔

精進要能發展成為覺支，必須有堅忍不拔的特質，這指使精進不退失或停滯，讓它不斷增強。有百折不撓的精進，便可守護心，使心不受錯誤思想的影響，如此勇猛精進，昏沉睡眠便無法生起。禪修者會有穩固的戒、定與慧，也會有精進的功德：心明亮、清晰，充滿活力。

當禪修者有明顯的成就後，對精進就會很清楚的了解。或許能觀察非常痛苦的感覺，而不起反應或受其壓迫，心會對自己的成就感到滿足與鼓舞。禪修者會了解，由於精進，心不向困難屈服，而是超越難關獲得勝利。

如理作意是精進的因

佛陀在經典中簡要敘述精進如何生起。他說精進的因是如理作意，亦即如理思惟所生起的三種精進。

精進的階段：遠離煩惱田

佛陀說精進有三種，即發動精進、出離精進與勇猛精進。

一、發動精進

在禪修初期非常需要發動精進，特別是在密集禪修。開始時，心受新環境的影響，可能會渴望所有未帶在身邊的東西。為了在禪修道上前進，你思考這項功課的利益，然後開始精進，培養正念。當禪修者開始練習時，規定只要觀察最主要的所緣，只有在其他所緣使自己分心時，才去觀察它。這種努力（包括第一種精進：發動精進）就如火箭即將射離地面的第一個階段。

當你觀察最主要的所緣一段時間後，未必就此一帆風順，五蓋、痛感或睡意都會出現。你會發現痛苦、不耐煩、貪欲、昏沉與懷疑不斷生起。也許你能停留在最主要的所緣上，並享受過某種程度的平靜與安詳，但難以應付的所緣會生起，這時會灰心、怠惰。此時，發動精進有所不足，需要額外的推進力，來面對痛苦與睡意，以超越障礙。

二、出離精進

第二階段的精進是出離精進，就如火箭發射後，穿越地球大氣層的第二階段。此時老師的鼓勵也許有幫助，或自己想一些好的理由，使「出離精進」生起。有了內、外的鼓勵，你現在結合兩者，努力觀察痛苦，如果能克服困難，便會非常興奮，精力如波濤洶湧而至，你準備觀察任何在覺知範圍出現的事物。也許克服了背痛，或觀察昏沈的生起，看著它如一小片雲般煙消雲散，心漸漸變得明朗、清楚，你感到精力充沛。這就是出離精進的經驗。

三、勇猛精進

有了出離精進，禪修也許能順利進行，心也會滿意。如果老師突然指派你額外的作業，如要求觀察身上的幾個接觸點時，不要覺得意外，這項指導是要激起第三種精進：勇猛精進。要保持深入練習，使你邁向目標，勇猛精進是必須的，就如火箭需要動力，來完全脫離地球重力場的第三階段。由於勇猛精進，你會經歷內觀的各個階段。

當你回到現實世界時，會很快忘記：禪修時的短暫快樂是會消失的，除非你達到某種深定。你可以思考：為何要禪修？我覺得最低的目標是要成為須陀洹─覺悟的第一個階段，不再投生於充滿過患與痛苦的惡趣。不論你的目標是什麼，在達成之前都不該自滿。為此，你需要發展不會退轉的勇猛精進，它會持續下去，直到將你帶到目的地。當精進以這種方式發展時，稱為策勵精進。

最後，在禪修的尾聲所達到的第四個精進，稱為實踐精進，它使你完全超越欲樂，進入涅槃的解脫境界。也許你會對它是什麼感到興趣，那麼，努力精進，便會找到答案。

激發精進的十一種方法

註釋書列舉十一種激發精進的方法。

一、思惟惡趣的恐怖

首先是思惟惡趣的恐怖，那是懈怠就會墮入的地方。Apa意為缺乏，aya指善業──可帶來安樂，特別是如人類、天神、梵天，以及在涅槃中所體驗的快樂。如果你不禪修，也許會墮入那些只會造作不善業的惡趣，惡趣有好幾個，最容易觀察的是畜生界。想想在陸地、海洋和天空中的動物，可有任何一種能作善業，並從罪業中解脫？

動物是愚癡的，被深厚的無明與無知所覆蓋。以昆蟲為例，牠們就如機器一般，受遺傳基因的影響而活動，毫無選擇、學習或觀察的能力。多數動物的心理活動，被限制在關心交配、生存等事情上。在牠們的世界裡，扮演的角色非常簡單：是掠奪者或犧牲者，或兩者皆是，那是個只有適者能生存的惡趣。想像生活在這種冷酷無情的環境中，內心一定充滿恐懼與猜疑；想像一隻動物喪生在另一隻動物的口中時的痛苦，帶著這麼大的痛苦死亡，如何能往生善趣？死亡時，心的品質決定下一生的品質，牠們如何能脫離恐懼的狀態呢？

動物有布施的能力嗎？牠們能遵守道德嗎？能持戒嗎？更不用說崇高而嚴苛的禪修了。動物如何能學習控制並訓練心，使心成熟？想到一生唯一的事是造作不善行，便令人感到恐懼、害怕。如此思惟，能激發你精進：「我現在是位修行者，我怎能浪費時間懶散度日？想想下一生如果是動物，就不能培養精進覺支。我不可以浪費時間！現在是精進的時候了！」

二、思惟精進的益處

第二個生起精進心的方法，是思惟精進的益處，有些益處已如前述。你有寶貴的機會能接觸佛法－佛陀的教誨。你已接觸無與倫比的佛法，便不該錯失走在道上的機會，這條路直指佛陀教義的核心。你可以成就出世間法－聖道與聖果的四個階段，也可體證涅槃。透過修行，你可以根除痛苦。

即使你不是為了此生能完全解脫痛苦而努力，但如果不能成為須陀洹或入流者，不再生於惡趣，便是很大的損失。走這條路並非為了張三或李四，行者需要許多勇氣與努力，他必須成為出類拔萃的人。用心努力，你會達到目標！你不該錯失邁向解脫之道的機會。若能如此思惟，也許便能生起精進心，而更加努力禪修。

三、憶念聖者

第三，你可以憶念走在這條路上的聖者，這不是條佈滿灰塵的小徑，過去佛、辟支佛、偉大的弟子、阿羅漢與一切聖者，都曾走過這條道路。如果你希望邁向這條解脫之路，便要激勵自己，努力不懈。懦弱或懶惰的人永無機會，因為這是為勇士所開的道路。

走過這條路的前輩們，並非一群捨離世間，為了逃避債務與情緒問題和無法適應環境的人。佛陀與聖者通常相當富有，且都來自充滿慈愛的家庭，如果他們繼續過在家人的生活，無疑的會過得很愉快。相反的，他們看到世俗生活的空虛，並擁有先見之明，心中生起超越一般感官之娛的大樂與滿足。也有許多男女出身卑微，受到社會或統治者的壓迫，或與疾病交戰，他們有根除痛苦的願望，不只在世俗的層面減輕它，或為了報復加諸他們的惡行而已。這些人在邁向解脫之道上，與一群和他們相似而享有更多恩典的人們相會。佛陀說真正的神聖在於內心的純淨，而非社會階級。諸佛與聖弟子有崇高的精神，希望追求更高、更大的安樂，他們因此離家，邁向涅槃之路，這不是一條給半途而廢的人所走的道路。

你也許會對自己說：「卓越的人已走過這條路，我一定不辜負他們，不應懈怠，要儘可能謹慎、無懼的走。我屬於這偉大的家庭—一群走在這條聖道上的賢者，就應該為有機會來做這件事而恭賀自己。與我類似的人曾走在這條路上，並證得覺悟的各種階段，我也會獲得相同的成就。」透過這樣的思惟，精進心便會生起，並使你邁向涅槃的目標。

四、感謝護持者

第四個激發精進的方法，是感謝施者所布施的食物，以及其他出家生活不可或缺的必需品。對比丘與比丘尼而言，這是重視在家居士的布施，不只是當時的布施，還要繼續覺知他人的布施使禪修得以繼續。

在家的禪修者在許多方面也需要他人的護持，父母與朋友也許會幫助你，不論是在財務上的幫助，或為你照顧生意，好讓你參加密集禪修。即使你不依賴他人來密集禪修，還是有許多東西必須供應，以護持你的禪修，例如有現成的房子可住，已處理好的水電，志工也準備好食物，同時照顧到你其他的需要。你應該深深感謝他人提供的服務，他們可沒有欠你什麼，他們是一群擁有好心與善意的人。你可以對自己說：「我應該努力禪修，才不辜負那些人的護持，這是報答與回饋護持者善意的方法。願他們的努力不會白費，我會以正念來運用所獲得的一切，煩惱因此慢慢減少、根除，所以布施者的善行，也會帶來同等的善果。」

佛陀制戒來規範比丘與比丘尼，其中一條是允許他們接受善意的在家護持者所提供的東西，這並非讓他們過奢侈的生活，而是接受、使用必需品，使僧尼們能適當照顧好身體，給予他們良好的條件，使他們努力去除煩惱。接受護持，使他們能夠用全部的時間來修習戒、定、慧三學，最後解脫痛苦。

你想一想，只有精進禪修，才能報答施主恩。以這種方式來看，精進是為了表達感謝，為了禪修時所接受的一切幫助。

五、接受聖財

第五個激發精進的方法，是思惟已經接受的神聖遺產。聖者的遺產包括七種非物質的聖財：信、戒、慚、愧、法義（knowledge of the Dhamma）與捨：指捨斷煩惱和慷慨布施；最後一項是智慧，指一系列的觀慧，以及證入涅槃的智慧。

七聖財特殊的地方是，這七項都是非物質的、不是無常的，這與在雙親過世後所獲得的遺產不同，那是物質的，會喪失、毀壞、分離，甚至在許多方面讓人不滿意。有些人很快花掉所繼承的一切，並未發現新財產的效用；而聖財是非常有用的，它提供保護，使人尊貴。它隨著繼承者穿越死亡之門，並隨著他們流浪生死。

在這世上，如果孩子們任性、頑強，父母便可能與之斷絕關係，因此他們無法繼承任何遺產；在佛法的世界也是如此，如果禪修者已經接觸佛陀的教導，而後在禪修時懈怠，那麼他無法繼承七聖財。唯有持續精進的人，才能獲得七聖財。

只有當人通過所有內觀的階段，抵達終點：聖道心，精進才算完全發展。這發展完成的精進或所謂的實踐精進，讓人擁有七聖財的所有益處。如果修行的精進漸趨圓滿，你便能永遠擁有七聖財。以這種方式思惟，你會受到激勵，而更精進禪修。

六、憶念佛陀的偉大

第六個激發精進的方法，是憶念佛陀的偉大。佛陀的偉大，由他一生中的七個事件（大地震動的七個事蹟）顯示出來。第一次大地震動，是在菩薩（未來的佛陀）最後一次在母親的子宮中受孕。第二次震動，是當悉達多太子離開宮殿，開始過出家的生活；第三次是他證得無上正等正覺時；第四次是佛陀初轉法輪時；第五次是當他成功的降服對手時；第六次是當他回到忉利天（Tavatimsa），為生於該處的生母講述阿毗達摩時；第七次是在他般涅槃（**parinibbana**），當佛陀的色身死亡，永遠從有為法消失時。

想想佛陀的大慈悲與深湛的智慧。關於他的完美，有許多說不完的故事：菩薩要花多麼長的時間、多麼努力才能達到目標，他如何圓滿成就，之後，又如何慈悲救渡人們。切記！如果你繼續努力，也可享有佛陀所擁有的崇高特質。

在佛陀證悟之前，眾生飽受愚癡與無明之苦，沒有人發現解脫道，只得在黑暗中摸索。如果他們尋求解脫，就必須找出一種修行方法，或跟隨某位聲稱找到真理，事實上卻未發現的人。在這個世間，人們有許多追尋的計畫、活動，想達到快樂的目標，從嚴格的苦行到無限制的縱情欲樂。

廣度眾生的誓願

在佛陀的過去生中，曾為善慧（Sumedha）隱士，這是在久遠劫前的世界，在燃燈佛（Dipankara）出世之前，善慧發現：許多眾生在等正覺者（sammasambuddha）出現之前，是如何的在黑暗中受苦，他發現眾生需要引導，以便安全的渡到彼岸，因為他們無法自行到達。因此，善慧隱士在那很有可能證悟的一世，放棄證悟，發誓要以無量劫，不論時間多長，來使自己的品行與等正覺者一樣完美。這會讓他有能力引導眾生解脫，不只自己而已。當他完成準備，在有生之年成為現在的佛陀：一位真正超凡入聖的人。

在證悟時，擁有所謂的三圓德：因圓德、果圓德與恩圓德。他藉由導致覺悟的「因」而具圓滿德相，此「因」即是他在許多生中努力使自己完美的波羅蜜（paramis）：自己心中清淨的力量。有許多故事述敘菩薩布施、慈悲、持戒的行為，為了他人的利益，他一世世的犧牲自己。如此繼續不斷，清淨心是他在菩提樹下覺悟與成就一切智的基礎。這樣的成就稱為「果圓德」，這是他「因圓德」的自然結果，或培養心中清淨的力量。佛陀圓滿的第三德相「恩圓德」，以多年的教導來幫助他人，他不因證悟而自滿，而是出自對其他可造之材的悲憫與慈愛，在證悟後孜孜不倦的與所有有緣的人分享法，直到般涅槃。

思惟佛陀的三種圓德，也許會激勵你更加精進修行。

大悲為善行之本

慈悲是善慧菩薩唯一的動力，讓他犧牲自己的證悟，選擇竭盡己力成為佛陀。當他以大悲眼，看見眾生如何因被誤導而受苦時，他的心深受震撼，於是發願成就能圓滿引導眾生所需的智慧。

慈悲必須起而行動，再者，智慧是必要的，行動才會因此產生好的果報。智慧能分辨正道與邪道，如果只有慈悲而沒有智慧，當想幫忙時，可能反而造成更多的傷害。另一方面，也許你有很大的智慧或已經證悟，但若無慈悲，連幫助他人的舉手之勞，你都不會去做。佛陀具足智慧與慈悲。由於他對受苦眾生的大悲心，使他有持久的耐心，在生死輪迴時，別人侮辱、傷害他，他都能堅忍，耐心承受。據說，如果你積聚全天下母親對子女的慈悲，也無法與佛陀的大慈悲相比。母親在寬恕上有極大的包容力，將孩子拉拔長大並非易事，孩子有時會非常無情，在情感或身體上傷害母親。儘管受到傷害時是可悲的，但母親通常會寬恕孩子。在佛陀的心中，也有無限的寬恕，他的寬恕、包容力是大悲的顯現。

菩薩有一世曾生為猴子。一天，牠在樹林間擺盪時，遇到一位掉入石縫中的婆羅門，看到這位可憐又無助的婆羅門，牠心中充滿慈悲。這感覺的背後有很大的推動力，從那時起，菩薩便花了好幾世的時間來培養慈波羅蜜。菩薩準備跳進石縫救婆羅門，但牠懷疑自己是否有足夠的力氣把他背出來。智慧在心中生起，牠決定先用附近的大圓石試試力氣，牠舉起大圓石後放下，知道自己有能力來營救。

菩薩下到石縫中，並勇敢的把婆羅門救到安全的地方，先是搬大圓石，然後扛婆羅門，牠精疲力竭地躺在地上。婆羅門非但不感激，反而拾起石頭重擊猴子的頭，好把肉帶回去做晚餐。猴子醒來後發現自己瀕臨死亡，知道發生了什麼事，但並未生氣，這是因為牠具有寬恕的美德。他對婆羅門說：「在我救了你之後，將我殺死，這是恰當的嗎？」然後菩薩想起婆羅門在森林中迷了路，若沒人協助便無法回家。牠的慈悲沒有界限，遂咬緊牙根，即使冒生命危險，也決定要引導婆羅門離開森林。在牠向婆羅門指示要轉向那條路時，傷口中流下的血形成一道血痕。最後，婆羅門找到了正確的道路。如果佛陀連身為猴子時，都有大慈悲與智慧，你可以想像在他證悟時，會開展出更廣大的波羅蜜。

完全覺悟

在無數世身為菩薩後，將成佛的菩薩在最後一世出生為人，已圓滿具足所有的波羅蜜，他開始找尋真正的解脫道，經歷許多考驗後，才發現這聖道讓他看到一切有為法的無常、苦與無我。為了深入修行，他經歷覺悟的各個階段，最後成為阿羅漢，完全淨化貪、瞋、癡，並生起全知智，以及其他佛陀特有的智。全知指佛陀若想知道任何事情，他只要思考問題，答案便會出現在心中。

由於佛陀覺悟的結果，使他具有由果的圓德而達到的成就，並以此為人所知。之所以有此成就，是因為他完成了某些在過去世就已培養的因與先決條件。

在成佛後，他並未忘記在多劫之前，身為善慧隱士時所下的決心。他如此辛苦修行的唯一目的，是去幫助其他眾生脫離苦海。佛陀已完全覺悟，你可以想像他的大慈悲與大智慧，會變得更加有力且有效。基於大悲與大智，佛陀開始說法，並持續了四十五年，直到去世為止。他每晚只睡兩小時，其餘的時間致力於說法，在各方面幫助他人，使人們能獲益，並享有幸福快樂。即使在臨終時，還為其他教派的出家人須跋陀羅指示正確的道路，使他成為佛陀最後所教導而開悟的弟子。

第三項成就是「觀察其他眾生福祉的成就」，這是前兩項成就的自然結果。

如果佛陀能證悟並完全解脫煩惱，為何還要繼續活在這世上呢？為何要與人來往呢？要了解，他希望解除眾生的痛苦，並讓他們走在正道上，這是他最慈悲與最深的智慧。

佛陀圓滿的智慧讓他能分辨利弊，一個人如果無法分辨利弊，如何能幫助其他眾生呢？他也許很聰明，知道什麼可以帶來幸福或痛苦，如果沒有慈悲心，他可能會對別人的命運漠不關心。所以，是出自慈悲，使佛陀去勸誡人們，不要造做會導致痛苦的惡行。是佛陀的智慧，讓他在勸告人們奉行的事情上，具有識別力，精確而有效。結合慈悲與智慧這兩種美德，讓佛陀成為無與倫比的老師。

佛陀沒有獲得名譽、聲望或眾多追隨者的自私想法，他不與社會名流交往，而接近眾生的唯一目的，是為他們指出正確的道路，啟發和發展其能力，這是他的大慈悲。當佛陀完成任務後，便到森林的僻靜處休息，他不會待在群眾中，與一般人一樣談笑往來。他也不會為弟子彼此介紹說：「這位是我的弟子，是個有錢的生意人；這位是偉大的教授師。」要過著與世隔絕的生活並不容易，一般的凡夫無法享受完全的獨居，而佛陀並非凡人。

給精神導師的勸告

對任何想成為傳教師或禪師的人而言，這點相當重要：在與學生的聯繫上，要練習明辨慎思，如果與他們有任何關係，須謹記永遠要追隨佛陀的腳步，以大慈悲為動機。與正在接受幫助的人太親近或熟悉是危險的，如果禪師與學生太親近，也許會造成無禮與不敬。

禪師應該以佛陀為典範，以正確的動機－仁慈，來與他人分享佛法，不應滿足於成為受歡迎或成功的法師。他應該試著利益學生，他修行的方法足以調伏身、口、意的行為，因此能帶來真正的平靜與安樂。老師必須在這方面不斷檢查自己的動機。

曾經有人問我：什麼是指導禪修最有效的方式？我回答：「首先，也是最重要的，是要不斷的練習，直到非常熟練；然後，要從經典獲得正確的理論知識；最後，要基於慈悲的動機來運用以上兩者。有了這三個要素來教學，一定會很有效。」

在這世間，由於不可思議的業，許多人享有名望、聲譽與成功。他們也許不像佛陀一樣真正成就「因圓德」，亦即他們也許不夠努力，卻僥倖獲得成功、富有，這樣的人可能會受到許多批評。人們也許會說：「奇怪！他是如何獲得那個地位的，他那麼懶散、怠惰，他不該有這樣的好運。」

其他人也許很努力，但可能由於他們不夠聰明或沒有天分，如果真能達成目標的話，也是很慢才達到。他們無法成就「果圓德」，如此的人也不免受到責備：「可憐的老傢伙！他非常努力，卻沒有什麼頭腦。」

還有另一群人，因非常努力工作而成功，由於實現抱負，便志得意滿，不像佛陀將自己的成就奉獻人類，他們並未採取任何幫助他人的行動。這些人也會遭到批評：「看看他多自私啊！擁有那麼多財富，卻一點也不慈悲慷慨！」

在這世上，很難避免責備或批評，人們總是在他人背後議論紛紛。有些評論只是閒聊，而有些則指出某人的一些缺失或弱點。佛陀成就因圓德、果圓德與恩圓德，實為人中之龍。若要描述佛陀的偉大與圓滿，可以寫一本書，他是解脫道的發現者與教導者。在此，我只希望為你們開啟憶念佛德之門，好讓你在禪修時精進。

憶念佛陀的偉大，你會充滿敬畏與崇敬，或深深感激能有機會走上這條偉人所發現與教導的道路。也許你會了解：要走在這條路上，自己不能偷懶或懈怠。

願你受到鼓勵；願你勇敢、強壯、堅忍；願你走在這條道路上，直到終點。

七、憶念自己種姓的偉大

第七項可以激起精進的方法，是思惟種姓的偉大。我們根據《念處經》（佛陀對四念處的開示）來禪修，因此，可以把自己看作是屬於佛陀的聖者種姓，自稱為佛陀的兒女。當修習觀禪時，你正輸入佛法的血液，這與你離佛陀的出生地有多遠，或在種族、信念、習俗上有多大的差異無關，這些差異都不重要，只要致力於戒、定、慧三學，全都是同一佛法家庭中的成員。佛法是我們的血液，與佛陀時代接受同樣訓練的聖者血管中流動的血液相同。以服從和尊敬來勤奮的禪修，我們將無愧於這偉大的種姓。

佛陀時代的兄弟姊妹，都是勤奮努力且有勇氣的男女。他們不會屈服，只知一直奮鬥，直到完全解脫煩惱。既然我們屬於這偉大的種姓，就絕不可有放棄的念頭。

八、憶念同修者的偉大

第八個激起精進的方法，是憶念同修佛法者的偉大，巴利語 brahma-cariya（梵行）指過著聖潔生活的人。從前有比丘、比丘尼、式叉摩那、沙彌、沙彌尼，在歷史發展的過程中，上座部的比丘尼僧團消失了。嚴格來說，在我們這個時代，受戒的僧伽只有比丘與沙彌，他們根據佛陀所制的戒律來生活。

另外還有受持八戒或十戒的男女居士與八戒女，他們雖然受持的戒較少，但仍被認為過著梵行的生活。這無關緊要，所有修行者不論是否正式受戒，都同享戒、定、慧的功德。身為修行者的你，也與佛陀時代偉大的弟子們，如佛陀左右手的舍利弗與目犍連尊者，以及大迦葉尊者分享這些美德。在比丘尼僧團中，有大愛道尊者及其弟子，以及許多其他比丘尼，都是偉大、有勇氣，並努力追求佛法的女性。所有這些卓越的男女，都是過梵行生活的，我們可以閱讀他們的事蹟，憶念他們的偉大、勇氣與作為。如此思惟，我們可以反問自己，是否達到相同的標準。當我們每日精進時，想到有這些同修的支持，也許能鼓舞我們。

不受歡迎的輸那長老尼

在比丘尼僧團中，有位卓越的輸那長老尼。她在受戒之前結過婚，並養育了十個子女，以現代的標準而言，是個大家庭。他們一個個長大，離開家並成家立業。當最後一個孩子結婚時，輸那的丈夫決定成為比丘，因此他離開家去過出家的生活。不久，她收集所有結婚以來與丈夫儲蓄的財產，分給所有的孩子，並要求他們扶養她以作為回報。

一開始她相當快樂，一個個拜訪兒女，她當時的年紀已經有六、七十歲了。但不久之後，兒女開始對她的來訪感到厭煩，他們要忙於自己的家庭，而說：「噢！媽媽又來了！」輸那發現他們缺乏熱情，便感到沮喪，她知道她讓人討厭、不受歡迎與喜愛，不是她要過的梵行生活。在我們這個時代，一定也有父母很熟悉這種感受。

輸那考慮她的幾個選擇，自殺是錯誤的，於是到一間尼寺請求出家，常住接受了她，但她現在已經非常老，無法托鉢或做其他比丘尼需要做的工作，只能為同修們燒開水。然而，輪那非常有智慧，她想到自己的情況，便對自己說：「我剩下的時間不多了，必須把握機會努力禪修，不能浪費時間。」輪那年老又衰弱，唯一能行禪的方式就是扶著四周的圍牆兜著圈子走，如果是在森林中，便會選擇樹木較密集的地方，扶著樹行禪。經由如此勤奮而堅持的精進，以及她的決心，很快的就成為阿羅漢。

我們可以看到，輪那兒女的忘恩負義，對她而言，卻是因禍得福。她覺悟後，經常唱著：「啊！看看這個世界，多少人被家庭所束縛，享受著世間的快樂。但對我而言，由於孩子的虐待，而離家過著出家的生活，現在我已獲得出家的真理。」

九、遠離懈怠的人

第九個激發精進的方法，是避免與懈怠的人來往。有些人對心的成長沒有興趣，從未想淨化自己。他們只是吃、睡，並儘可能依著自己的希望製造歡樂，就如巨蟒吞入獵物，然後幾個小時靜止不動。與這種人來往，如何能受到鼓勵而精進呢？你應該避免成為他們的一分子，不與他們往來是培養精進的好方法。

十、尋找精進的朋友

現在你應該選擇與那些有精進力、堅忍與剛毅的禪修者為伍，這是第十個激發精進的方法。這是指密集禪修時的禪修者，花時間和堅忍、堅定的致力於佛法，時時刻刻保持正念，且持續進步的人在一起，是很幸運的！將修行列為最優先的人，是你的最佳良伴。

在密集禪修時，你可以向模範禪修者學習，模仿他們的行為與禪修，這會使你進步。你應該讓他人的勤奮影響自己，接納好的精進（the good energy），並讓它影響你。

十一、使心培養精進力

生起精進最後與最好的方法，是使心不斷培養精進力。禪修的關鍵，是以堅定的立場，不論行、住、坐、臥，要在每一剎那儘可能保持正念，不要讓心到處亂跑，或失去一剎那的正念。如果你毫不在乎，禪修一開始就註定失敗。

每個剎那都勇猛精進，充滿貫徹始終與堅忍不拔的精進，如果有任何剎那的懈怠生起，你會馬上察覺，並將之驅離。懈怠是最具破壞力的，你可以用精進、堅忍、持續的努力將它根除。

希望你能用以上十一種或任何一種方法激起精進力，並在解脫道上進步神速，最後永遠根除煩惱。

如何讓自己不再悲傷

喜的特相、功能、現起

1.特相：快樂、欣喜與滿足

它是擁有這些特相的心法。喜的特相可以遍及相關的心法，讓它們愉悅快樂，並帶來深深的滿足感。

2. 功能：輕鬆與敏捷

根據傳統的分析，喜的功能是輕鬆與敏捷充滿身心。心變得輕鬆且精力充沛，身體也會覺得靈活、輕快，適合工作。

3. 現起：身體輕快的感覺

喜的現起是身體輕快，它透過身體的感覺，清楚的顯現出來。當喜生起時，粗重與不悅的感覺，會被輕柔、溫和、柔軟、安詳與輕快的感覺所取代，身體會如飄浮在空中般的輕盈。輕快的感覺是活動的而非靜止的，你會覺得好像被推過來、拉過去，搖擺、晃動，又如在洶湧的波濤中漂浮一樣，雖然有不平衡的感覺，但非常愉快。

五種喜

喜有五種類型。第一種是小喜。在禪修初期，五蓋被鎮伏一段時間後，禪修者會感到快樂的顫動，有時會起雞皮疙瘩，這是喜的最初感覺。第二種稱為剎那喜，它快如閃電，比第一種喜還要強烈。第三種是不勝之喜，傳統的比喻是某人坐在海邊，突然看到巨浪把他捲走，禪修者會有被掃到地面的感覺，心臟撲通亂跳，人不知所措，訝異到底發生了什麼事。

第四種稱為雀躍喜，有了雀躍喜，你會感到非常輕快，好像離地面好幾呎一樣，覺得像在飄浮或飛行，而不像走在地面上。第五種喜稱為遍滿喜，這是最強烈的一種，它充滿身體的每個毛孔。如果你坐著，會有無法言喻的樂受，絲毫不想起身，只想一直坐著不動。

前三種喜稱為悅：輕微的喜；後兩者才稱得上喜：強烈的喜。前三者是後兩者的起因，也可說是踏腳石。

4.近因：如理作意

與精進一樣，佛陀說喜的近因只有一種：如理作意。

培養喜覺支的十一種方法

註釋書提到十一種生起喜的方法。

一、憶念佛陀的德行

第一種方法是佛隨念：憶念佛陀的德行。佛陀有許多美德，你無須逐一細查傳統所列舉的每一項，喜的最初徵兆便開始出現。例如傳統所列舉的第一項美德是有「價值」，意指佛陀值得所有的人、天、梵天尊敬，因為他根除一切煩惱而達到清淨。憶念他以這種方式達到清淨，會感到一些喜悅，也可以憶念佛陀的三圓德，如我們在討論勇猛精進時所提到的。

傳統的憶念或背誦，並非憶念佛陀德行的唯一方法，事實上，這比禪修者直覺的領悟更不可靠。當禪修者獲得生滅隨觀智時，自然會生起喜，同時也會感激佛陀。佛陀曾說：「見法者即見我」，達到內觀的行者，會深深感激偉大的佛陀，你也許會說：「如果我能體驗如此清淨的心，佛陀的清淨一定更偉大！」

二、於法生歡喜

第二個生起喜的方法，是憶念法與其功德。這項功德可用一段話來表達：「法由佛陀善說，法實為佛陀所善說。」佛陀以最有效的方法教導法，而你目前的老師們則傳播法，這的確是歡喜的原因之一。

佛陀曾詳細解說戒、定、慧三學。要遵循這三學，首先要持戒使行為清淨，藉由調伏身行與語行，努力培養崇高的道德操守，這會帶來許多利益。首先，我們將不再自責或懊悔，藉由智慧與戒律，我們將從責難與罪罰中解脫。

接著，如果我們遵循佛陀的指導，就會發展定。如果你堅定不移、堅忍不拔，便可體驗心的快樂、清明與平靜，這是止樂（samatha sukha）：由於心的專注與安止（tranquility）所生起的樂。你甚至可以達到不同的禪定：在這些心的狀態中，煩惱暫時受到鎮伏，而有異常的平靜。

其次是修觀，我們便有機會體驗第三種樂。由於深入觀察「法」，達到生滅隨觀智的階段，你會有興高采烈的喜，這種喜樂可稱為暢快樂。接下來出現的是清明樂。最後，達到行捨智：觀察諸行時，深入了知「捨」。你會體驗捨樂，這是很深的喜悅，不會那麼興奮激動，是非常微細平衡的樂。

佛陀的承諾與保證是真實的，那些遵循修行之道的人，就能體驗所有的快樂。如果你體驗所有的快樂，便會深深了解佛陀所說是真實不虛的，也會說：「法由佛陀善說，法實為佛陀所善說。」

最後，超越一切樂的是寂滅樂。禪修者在超越「捨樂」之後，會有一剎那的體悟涅槃，它是隨著成就聖道心而產生，禪修者會知道他過去未曾知曉的佛法。佛陀曾說過：「如果以此方式禪修，便能達到苦的止息。」確實如此，很多人有此經驗，最後當你知道以後，心便會因喜悅與感謝而歡唱。

有三種方法可讓我們了解佛陀所宣說的法是圓滿的。首先，如果你深思禪修的最大可能性，心會充滿對法的讚美，當然也充滿喜悅，也許你會擁有極大的信心，以致每當聽到開示或閱讀佛書時，都充滿喜悅與興趣。這是三種了解佛法的方法中的第一種。

第二，如果你去禪修，佛陀的承諾與保證必定會實現。戒與定會改善你的生活，這更深入教導你，法是如何被善說，因為它帶給你心的清明，以及深深的、

微妙的快樂。

第三，也是最後一種，法的偉大可在修習智慧中看到，而智慧將使我們獲得涅槃之樂。此時，你的生命會發生重大改變，如重生一般，你可以想像此時所感受到的喜悅與感激。

三、於僧伽的功德生歡喜

註釋書所列的第三種生起喜的方法，是憶念僧伽的功德（僧隨念）。僧團是聖者的團體，他們獻身於佛法，熱心耐心的修行，以正確的方法遵循正道，並各自到達目的地。

如果你在禪修中有過某種心的清淨，就能想像他人也有相同的經驗，也許遠比你所知道的程度更深入。如果你曾達到某種程度的覺悟，便會堅信他們也曾走過與你相同的道路。這樣的人確實是清淨、完美的。

四、思惟自己的戒行

第四個生起喜的方法，是思惟自己的戒行。行為的清淨是有力的功德，可以為擁有它的人帶來很大的滿足與喜悅。要維持清淨需要極大的堅忍，當你在這點上檢視自己的精進時，也許會相當滿足與興奮。如果你無法持戒，你會悔恨與自責，而無法專注在正在做的事情上，禪修因此無法進步。

戒是定與慧的基礎，有許多人思惟自己的戒清淨而生起喜，然後由正念轉向喜，因而開悟。這種觀想在緊急狀態時特別有用。

提舍的故事

有個叫提舍（Tissa）的青年，在聽到佛陀說法後，生起極大的迫切感。他是個雄心萬丈的人，他在世間有很深的空虛感，因此他的抱負便轉向成為阿羅漢。很快的，他捨俗成為比丘。在受戒前，他將一些財產送給弟弟周羅提舍（Culatissa），這項贈予讓弟弟變得非常富有。不幸的，周羅提舍的太太突然變得很貪心，她害怕這位比丘改變心意還俗，並要求歸還財產，那會奪去她現有的一切。她設法保護新獲得的財產，最後想到找職業殺手，如果他們殺死比丘，她便提供一筆可觀的賞金。

殺手們同意後便到森林中搜尋提舍。當發現他正專心禪修，就準備殺他。比丘說：「請等一下，我尚未完成工作。」一位殺手回答：「我們怎麼能等？我們也有工作要做啊！」比丘懇求：「只要一、兩晚就好了，然後你們可以回來殺我。」

「我們不相信，你會逃跑！給我們你不會逃走的證明！」

比丘除了缽與袈裟之外，沒有其他財產，因此無法給他們任何擔保物，他便拾起一塊大石頭重擊自己的雙腿骨。殺手們看他已無法逃脫，便滿意的走了，留下他繼續精進。你可以想像，提舍想要根除煩惱的渴望多麼強烈！他不怕死亡或受苦，只怕還活躍在內心的煩惱。他還有生命，但尚未完成工作，非常擔心在根除煩惱之前死去。

由於提舍以如此深厚的信心出家，他孜孜不倦的培養正念，他的修行必定強到某種程度，才能面對那擊碎腿骨的極大痛苦，因為他能看著這強烈的痛苦而不屈服。當觀察痛苦時，他思量自己的戒行，反問在受戒後是否曾破戒？他非常高興的發現，自己持戒清淨，並未違犯任何一條戒。這樣的了解，使他內心充滿了滿足與喜悅。

兩腿骨折的痛楚漸漸緩和，強烈的喜成為他心中最顯著的所緣境。他將念頭轉向它，並默念喜、悅。以這種方式默念，他的觀智成熟了，並速度加快。突然間他有所突破，他體驗了四聖諦，並在很短的時間內成為阿羅漢。

這個故事說明人應該建立良好的戒律基礎。少了持戒，坐禪只不過是給瘆痛下帖子罷了！先建立好基礎，如果你持戒精嚴，禪修將卓有成效。

五、憶念布施的功德

第五種生起喜的方式，是憶念自己布施的功德。如果禪修者可以無私的行善，希望他人幸福快樂或解脫痛苦，那麼這善行不僅充滿福德，還會將快樂帶入心中。布施的動機是決定布施是否有益的關鍵，它不該受私心所驅使。

匱乏時期的布施

布施不單指財物，它也可以是簡單的鼓勵需要支持的朋友。最重要的是在匱乏時期的布施，布施個人所擁有的少許事物，會是最滿足的時刻。有一則古代斯里蘭卡某位國王的故事。有一天，他倉皇的從戰役中撤退，只帶著極少的糧食。

當他穿越森林時，遇到一位看來似乎是阿羅漢的比丘正在托缽，他分了一些食物給比丘，雖然他的食物只夠自己、馬匹與隨從食用。許久以後，當他憶念起這一生中送出的禮物，有些是非常了不起且貴重的，但那次卻是他最懷念的一次。

另一個與這有關的故事，發生在仰光的馬哈希禪修中心。幾年前，當中心還在發展時，有些禪修者無法負擔食宿費用，當時人們都比較貧窮。這些禪修者都有進步，禪師看到他們因無法負擔費用而必須離開時，覺得很遺憾，因此聯合起來資助那些很有潛力的禪修者。這些學生有了長足的進步，當他們成功的達成目標時，老師們都充滿了快樂與喜悅。

六、思惟天人的功德

第六種帶來喜的方法，是思惟天人與梵天的功德。當還在人界時，他們深信業力，相信善行會帶來善果，惡行會帶來惡果。因此，他們努力行善去惡，精進禪修，因而投生在較高的境界，那裡的生活比在人間快樂。那些禪定功深的人則生於梵天，壽命長達數劫。因此，當我們憶念天人的功德，確實會想到他們在人間所培養的信心、慈悲、精進與堅忍。拿自己與他們相比是很容易的，如果可以在自己身上找到與天人、梵天相同的功德，我們會十分滿足與喜悅。

七、思惟完全的平靜

第七個生起喜的方法，是思惟煩惱止息的平靜，就勝義法而言，指思惟涅槃。如果你有過這種深湛的平靜，你可以在憶念它時，帶來許多喜。如果你不曾體驗涅槃，可以先觀想禪定時的平靜，深定中的平靜遠超過世間的快樂。許多安止定很強大的人，即使沒有在禪修，煩惱也不會生起，因此可能過六、七十年平靜的生活。思考這種平靜與清明的狀態，可以帶來非凡的喜悅。

如果你沒有禪那的經驗，那麼便可回想禪修時，心清淨無染的感覺。當煩惱被鎮伏一段時間，心就會充滿輕安與清涼。你會比較這快樂與世間所享受的快樂，你會發現與修行之樂相比，世間的快樂相當膚淺，不像清淨心所生起的平靜之樂。如此比較，你的心中會充滿喜。

八、遠離粗魯的人

九、尋找善士

第八與第九種生起喜的方法是相關的，分別是遠離粗魯粗俗的人，指被憤怒沖昏頭，缺乏慈悲心的人；以及要尋找具慈悲心的善士。在這世上，有許多人被憤怒所淹沒，以致無法辨別善與不善行。他們不知尊敬值得崇敬的人，不知學習法（Dhamma），更不知道禪修。他們可能暴躁易怒，因憤怒、瞋恨而受苦，生活中充滿粗暴而討厭的活動。與這樣的人一起生活，你可以想像應該不會是很愉快的經驗。

有些人則非常體諒、關愛他人，他們心中的溫馨與慈愛顯現在言行上。這等善士以微妙、和諧的方式與他人相處，能獲得他們的陪伴是令人滿足的。被愛與溫馨的氛圍所圍繞，必能生起喜。

十、憶念經典

第十個生起喜的方法是憶念經典。有些經典描述佛陀的功德，如果你是個有信心的人，憶念其中一篇便能帶給你很大的喜悅與快樂。在許多經典中，《念處經》說明修學「法」所能獲得的益處，其他經典則記載聖僧振奮人心的故事。閱讀或憶念這些經典，能使人奮發圖強，並產生喜與樂。

十一、使心向於喜

最後，如果你時時讓心培養喜，便能達成目標。你必須了解，喜是在心清除煩惱時生起。因此，為了獲得喜，你必須時時刻刻保持正念，如此定便會生起，並鎮伏煩惱。你必須在行、住、坐、臥或做任何動作的每個剎那，保持正念。

讓身心真正的安定下來

大部分人的心，隨時都處在不安的狀態：心東奔西跑，就如強風中的旗子啪噠啪噠的飄動著；又如一堆被丟進石頭而四處飛散的灰燼，當中沒有清涼、平靜、寧靜。這種掉舉或散亂的心可稱為心的波浪（the waves of mind），使人聯想到風吹動時的水面。當掉舉生起時，心的波浪便會顯現。

即使這散亂的心變得專注，這種專注仍與掉舉有關，就好像家中生病的成員會把發燒與不安傳染給家人一樣。同樣的，掉舉對其他同時發生的心法有很大的影響，當它出現時，不可能有真正的快樂。心一散亂，就很難控制自己的行為。我們會根據一時的興致或奇想來行動，而未深思這是否是善行。就因為這不加思考的心，我們會發現自己的言行不當，而導致悔恨、自責，甚至產生更多的不安。「我錯了！我不該那樣說，要是開口前多想想就好了。」當心受到悔恨與遺憾侵襲時，便不可能獲得快樂。

在掉舉與悔恨消失時，輕安就會生起。巴利語 passaddhi意指輕安、平靜。心的輕安、平靜，只有在不安或活動停止時，才會生起。在這個世間，人們內心有許多痛苦，許多人依賴藥物、鎮定劑或安眠藥來讓心愉悅。年輕人在極度不安時，常會用藥物來渡過生命的這個階段，不幸的是，他們發現藥物如此令人愉快，以致上了癮，這實在太可悲了。

從禪修而來的平靜，遠勝於任何藥物或外在物質所能提供的。當然，禪修的目標還更高遠，不只是平靜，但平靜與輕安仍是走在佛法正道上的益處。

輕安的特相、功能、現起與近因

1. 特相：使身心平靜

輕安的特相是使身心平靜，讓不安止息、平靜下來。

2. 功能：拔除心中的熱惱

輕安的功能是拔除或抑止心中由於掉舉、散亂或悔恨而生起的熱惱。當這些不善法生起時，心就會變得灼熱，猶如火燒一般。心的輕安澆熄熱惱，取而代之的是清涼與自在。

3. 現起：安定

輕安的現起是身心的安定，禪修者可輕易觀察出，心輕安為身心帶來多大的寧靜與平靜。當你熟悉缺乏輕安的狀態後，總是有想要移動、起身或做些什麼的衝動。身體亂動，心則焦躁的跑來跑去。當這些都停止了，心中不再波濤洶湧，只有平靜的狀態，動作變得溫和、緩慢而優雅，你幾乎可以不動的坐著。

輕安必定隨著前一個覺支－喜覺支而生起，最強的喜—遍滿喜，又帶來很穩固的輕安。在遍滿喜充滿整個身體後，會一點也不想動，更別說去干擾心的平靜。據說佛陀在證悟後，花了四十九天在享受覺悟的成果，他在七個不同的地方，以某個姿勢各維持了七天，藉著進出所圓成的果證，來享受開悟的成果。由於充滿法喜，整段時間，他全身感到滿足，因此不想移動，甚至無法閉上雙眼，維持著全開或半開的狀態。你也能在強大的喜生起時，體驗眼睛不自覺睜開的情況，最後會決定睜開眼繼續禪修，如果你有這種經驗，也許就會了解佛陀的快樂與法喜是多麼的大！

4.近因：如理作意

根據佛陀所說，生起輕安的方法是要如理作意。更具體的說，是向著善念、善心的如理作意，更重要的是向著與禪修有關的善心的如理作意，輕安與喜因而會生起。

發展輕安覺支的七種方式

註釋書提到七種生起輕安的方法。

一、適當的食物

第一個方法是要食用適當的、營養的食物。如你所知，營養非常重要，飲食不必精心製作，但一定要滿足身體所需。如果食物不夠營養，以致體力不足，禪修便無法進步。食物要適合個人，如果某些食物會引起消化不良或真的不喜歡，那麼你會無法禪修，會覺得不舒服，一直渴望想吃的食物。

我們可以從佛陀時代汲取一些教訓。有位非常有錢的商人與在家婦女，在佛陀教化的地區，他們是大部分宗教慶典的領導者與主辦人。不知什麼緣故，除非他們參與計畫並主辦密集禪修或其他活動，不然事情總是無法順利進行。他們成功的祕訣，便是掌握需要與適當的原則。他們總是煞費苦心的找出請來應供的僧尼的需要，以及適合他們的食物。也許你可以回想，在食用了自己需要、想要且合宜的食物後，心會變得平靜且專注。

二、良好的氣候

第二個生起輕安的方法是在氣候良好的環境禪修，會覺得舒適且適於修行。每個人都有偏好，然而，不論你喜歡什麼，還是可利用電扇或電熱器，或以輕便或厚重的衣物來適應不同的天氣。

三、舒服的姿勢

第三個培養輕安的方法，是採取舒適的姿勢。我們在修觀時通常會坐著或經行，對初學者而言，這是最好的姿勢，舒服並不意味著放縱；躺下或坐在有靠背的椅子上是放縱的姿勢，除非你有病，不得不如此。當挺直坐著或行禪時，你的身體需要某種程度的精進以避免跌倒，但放縱的姿勢缺乏這種精進，容易打瞌睡，心也會變得鬆懈、安逸，不久就鼾聲大作了。

四、不過度熱心，也不懶散

第四個生起輕安的方法，是在禪修時保持平衡的精進。你不該過度熱心或懶散，如果把自己逼得太緊，就會錯失所緣境而變得疲倦；如果太懶散，就無法有長足的進步。過度熱心的人就如急著想登頂的人，他們爬得非常快，但由於山勢陡峭，必須經常停下來休息，最後花了很長的時間才登頂；而懶散的人就如蝸牛在爬一樣，遠遠的落後。

五、遠離粗暴的人

六、選擇平靜與仁慈的朋友

遠離脾氣壞、粗暴或無情的人也有助於生起輕安，如果同伴脾氣很壞，總是生氣的責罵你，你的心永遠無法平靜。與身心皆平靜的人交往會變得更輕安，這是顯而易見的。

七、讓心向於平靜

最後，如果你持續禪修，希望獲得輕安與平靜，便可以實現這個目標。如果你警覺的使正念現前，輕安覺支便會自然生起。

淡定了，都好辦

定是觀察所緣境的心所，心洞穿所緣，並停留在上面。巴利語稱之為sama-dhi（三昧、三摩地）。

定的特相、功能、現起與近因

1.特相：安定

定的特相是不散亂、不失念。這指心安住在觀察的所緣境上，沉入其中，並保持靜止與平靜。

靜態的定與動態的定

定有兩種，一種是持續的定：專注於單一所緣境所獲得的定。這種定是在清淨、輕安的禪修中獲得──要求心專注在一個所緣，而去除其他所緣。遵循這條道路的人可獲得這種經驗，特別是在禪那中獲得安止時。

修觀的目標則是開發智慧，以及完成各個階段的觀智。基本的觀指直覺的領悟，如分別名色，透過因與果而直接了解名色的關係，以及了解一切名色法的無常、苦與無我。這是基本的觀，還有在到達以涅槃或一切苦滅為所緣的道心與果心之前，所必須經歷的各種觀。在修觀時，觀察所緣境非常重要。觀的目標是名色，是無須思考而直接感受到的東西。換句話說，在修觀時，要觀察不同的所緣，目的是深入了解它們的本質。

第二種定是剎那定。在修觀時，剎那定非常重要，所緣境不斷生滅，而在每個剎那，隨著所緣生起剎那定。雖然這種定是剎那、剎那生起的，卻毫無間斷。因此，剎那定與持續的定一樣有使心輕安並降伏煩惱的力量。

2. 功能：聚集心

假如你正在禪坐，觀察腹部的起伏，當你專注的觀察起伏的過程，便是活在當下。隨著你努力培養覺知的剎那，會生起觀察的心理活動，就如心停在觀察的所緣境一樣，你沉入所緣境。這個定心所不只專注的觀察所緣境，或在那個剎那對所緣境保持不動，它還擁有聚集與該心同時生起的其他心所的力量，它的功能便是聚集心，將所有的心所集中一處，讓它們不散亂。如此，心便能穩固的專注在所緣上。

3. 現起：平靜與靜止

此處可用親子關係來比擬。好的父母希望子女長大後彬彬有禮，有責任感，朝著這個目標，他們會對孩子做某種程度的管束。孩子尚未成熟，缺乏判斷的智慧，因此，父母必須確定他們不會跑出去，和附近沒規矩的小孩鬼混。

心所就如無父母管教的孩子，會做出傷害自己或別人的行為，而不受控制的心也會因不好的影響而受苦。煩惱總是潛伏著，如果心不受約束，渴望、貪、瞋、癡便容易生起，言行會變得粗野、無禮。心就如孩子，一開始會厭惡紀律，然而不久，就會愈來愈溫順、優雅、平靜，並遠離煩惱。專注的心變得愈來愈安定、平靜，這種平靜、寧靜的感覺即是定的現起。

小孩也是如此，如果好好照顧，會變得溫馴。或許他們本性粗野，但成熟後，便了解為何要遠離惡人，甚至感謝父母的照顧與管束，或許也會觀察到童年時，那些缺乏父母關心照顧的朋友，長大後變成罪犯。當他們大到可以進入社會，就能辨別那種人可以做朋友，那些人需要遠離，隨著年紀漸長與成熟，這些教養會使他們繼續成長。

4.近因：定

定是開發智慧的近因。一旦心靜止不動，便能讓智慧生起和理解名色的本質，也許會有直覺的領悟，知道如何區別名色，知道名色的因果關係，智慧會愈來愈深入洞察更深奧的真理，能清楚的看到無常、苦、無我的特相，最後獲得止息苦的觀智。當智慧生起時，一個人不論處在何種環境，都不會成為粗鄙邪惡的人。

為人父母者，或有可能成為父母的人，應該豎起耳朵，這對要藉著定來管理自心的父母而言非常重要，他們應當完成不同階段的觀智，如此才能善巧的把子女帶大，因為他們可以清楚分辨善行與不善行。他們可以這樣教導子女，特別是為子女樹立好榜樣。無法管理自心、行為粗魯的父母，無法幫助孩子發展善行與智慧。

在緬甸有些為人父母的人，在開始禪修時，只考慮子女教育、賺錢營生等世間的幸福。學習禪修後，當回到子女身邊時，有了新的態度與計劃，他們覺得對孩子而言，更重要的是要學會管理自己的心，並培養善心，而不只是獲得世俗的成功。在孩子成年後，父母都力勸他們禪修。當我問這些父母在禪修前後生的小孩是否有所不同時，他們如此回答：「哦，當然！我們禪修後生的小孩比較聽話且體貼，和其他孩子比起來，有顆善良的心。」

生起定覺支的十一種方法

註釋書提到十一種使定生起的方法。

一、保持清潔

首先是保持身體與環境的清潔。這點已詳述於第二覺支：擇法。

二、平衡的心

第二個使定生起的方法是平衡五根，慧與信（Faith）一組，而精進與定是另一組，我已用一個章節討論過五根的平衡。

三、保持清晰的心相

相較於嚴格的觀禪（vipassana），第三種使定生起的方法與止禪有關，因此我只簡短的提一下。它是熟悉禪定的所緣境，亦即保持清晰的心相，就如在練習止禪（tranquility meditation）時一樣。

四、振奮沮喪的心

第四種使定生起的方法是在心變得沉重、憂鬱、沮喪時，使心振奮起來。無疑的，你已在禪修中跌跌撞撞了許多次，這時你應該用使精進、喜和觀智生起的技巧，試著使心振奮起來。振奮沮喪的心也是老師的工作，當禪修者拉長著臉來小參時，老師會知道如何激勵他。

五、抑制過度興奮的心

第五種使定生起的方法是，要抑制過度興奮的心。禪修者在禪修中常常會有令人迷戀的經驗，會變得興奮、活躍，他們過度精進。此時老師不宜鼓勵他們，應該使禪修者回到正常狀態，同時運用前述討論過的方法，來幫助禪修者激發輕安覺支，或是教他放鬆，只是觀察，不要過度精進。

六、策勵因疼痛而怯弱的心

如果心因疼痛而畏縮，也許需要為它製造快樂，這是第六種使定生起的方法。禪修者也許會因為環境或舊疾復發而感到沮喪，此時心需要振奮與清淨，好讓它再度明亮、敏銳，你可以嘗試各種方法，使心振奮起來，老師也可以勉勵你，不是說笑話，而是說鼓勵的話。

七、持續平衡的覺知

第七種使定生起的方法是保持平衡的覺知。有時隨著禪修的深入，你似乎無須精進，仍能對所緣的生滅保持正念，此時不要去干擾，即使覺得這種速度太慢，想踩下油門。若想要快速了解佛法，而試著加速，會擾亂心的平衡，覺知會因此變得遲鈍。另一方面，每件事都那麼美好順利，你可能會因此放鬆，使禪修退步。當不費力的精進出現時，你應該慢慢進行，儘管如此，還要跟得上你的動力（momentum）。

八、遠離心散亂的人

九、選擇能專心一意的朋友

第八與第九種使定生起的方法是，遠離不專心的人，以及結交能專注的朋友。既不平靜，又不寧靜的人，無法培養定力，身心不安，這種父母生下的小孩，也會缺乏心的平靜。

緬甸有種觀念與現代西方人「氣氛不錯」（good vibes）的觀念雷同。許多從未禪修的人，一到禪修中心，便覺得輕安與平靜，這樣的例子很多。他們感受到禪修者精進用功的氣氛，有的人便決定來禪修，這似乎很自然。

佛陀時代，阿闍世王（Ajatasattu）殺害父親，篡奪王位。他犯下惡行後，

許多夜晚都無法成眠，最後決定請教佛陀。他穿越森林，遇到一群比丘正平靜專注的聽佛陀開示。據說他所有的悔恨與不安都消失了，心中充滿著許久未曾感受到的平靜與輕安。

十、思惟安止定的平靜

第十種使定生起的方法是，思惟禪定的平靜與輕安，禪修者以這種方式禪修，能獲得輕安、平靜。憶念曾用來達到禪定的方法，現在可以再度使用，使心專注、入定。尚未成就禪定的人，可以回憶剎那定（momentary concentration）很強、平靜與心一境性的時刻。透過憶念「解脫五蓋的感覺」和平靜的心（這平靜的心來自不間斷的剎那定），會使定再度生起。

十一、使心傾向於定

第十一也是最後一種使定生起的方法，是不斷的使心培養定力。凡事皆靠每一剎那的努力，如果努力專注，你會成功。

捨棄的智慧

或許聯合國應該改名為「捨協會」，這樣或許能提醒代表們，上談判桌時最重要的是心態，特別是面對棘手的問題時。每位決策者在面對問題時，必須沒有偏執。巴利語upekkha（捨）譯為equanimity，指的是平衡的精進。它是一種居於中間，不傾向任何一端的心態，可以在日常生活中，在每天做決策時，和在禪修時培養。

調解內在的衝突

在禪修時，不同的心態會互相競爭。信會壓制與其相輔相成的智慧，反之亦然；精進與定也是如此。這是禪修者的常識，在禪修時，保持兩組的平衡與進步是非常重要的。

在開始密集禪修時，你可能會非常狂熱，又有野心。馬上坐下來，抓住腹部的起伏或其他所緣境。由於過度精進，心可能會過度攫取所緣境，或讓它溜走。

如此錯失目標會讓人煩亂，因為你覺得已經盡了全力，卻徒勞無功。

或許你發現自己的愚蠢，而能迅速觀察正在發生的事情，隨著對觀察腹部的起伏，心順應這個過程，並與他們同步。它會變得越來越容易，而你會有點放鬆，精進似乎沒有效果，如果不留心的話，昏沉睡眠就會生起。

禪修者有時能成功的區別名色，並看出其因果關係，因嘗到法味而相當興奮。充滿信心的禪修者，便想告訴朋友與父母這些剛發現的真相。由於信心，想像與計劃隨之生起，由於過多的思考與感覺，禪修便會戛然而止。這一連串的事件是信過度的徵兆。

另一位禪修者可能有同樣的直觀，但他不想弘揚法，卻開始詮釋(interpret)經驗。你也許會說這種禪修者小題大作，每件小事，他都根據閱讀過的禪修文獻來詮釋，一連串的思考與念頭生起，再次妨礙禪修。這是聰明過了頭的徵兆。

許多禪修者有推理的習慣，對所聽到的會先仔細思考才接受，並對自己明辨的特質感到自豪。當他們來禪修時，總是以理智的方式來探討所做的事是否正確，以理智的了解來驗證禪修。如果他們執著這種方式，這樣的禪修者會永遠心生疑惑，在「疑」的旋轉木馬中無止盡的輪轉，永遠無法前進。

行者聽到的禪修方法，或修習了某種方法，發現它是有效的，便應該接受指導，唯有如此才能進步神速。禪修者就如前線的戰士，沒有時間去爭論或懷疑命令，必須毫無疑惑的服從上級的每一道命令，唯有如此才能戰勝。當然，我不贊成你因為盲信而全然信服。

即使到了能清楚看到法的生滅時，禪修者的修行仍然多變，不穩定，因為信與慧，精進與定，尚未平衡。然而，如果禪修者克服了不平衡的障礙，並能觀察法的快速生滅，精進與定、信與慧之間的不平衡，將獲得改進。此時，禪修者已有了捨的狀態（四根的平衡），正念則自然現前。

平衡的心，就如馬車被兩匹同等強壯、有力的馬拉著。當兩者都在奔跑，便能輕易的拉車；如果其中一匹馬跑得較快，而另一匹是老馬，車伕就辛苦了。為了避免陷入溝中，他要費力的使跑得快的馬減速，使老馬加速。

禪修也是如此，一開始種種心法尚未達到平衡，禪修者會不斷的從狂熱倒向疑惑，或從過度精進倒向懈怠。然而，由於持續禪修，捨覺支生起，正念會自然

現前，此時，我們會體驗到大樂。以現代的比喻，我們成為豪華房車的司機，以自動駕駛在不塞車的高速公路上奔馳。

捨的特相、功能、現起與近因

1. 特相：信與慧平衡；精進與定平衡

捨的特相是平衡相應的心法，因此其中一個不會壓倒其他的，它在信與慧，精進與定之間創造平衡。

2. 功能：不過度，也不缺乏

捨覺支的功能是補不足，以及減少過度的狀況，防止心落入過與不及的極端。當「捨」很強時，會有完全的平衡，不會有任何一方有過度的傾向，禪修者可輕易保持正念。

3. 現起：放鬆與平衡的狀態

似乎是正念在處理一切事情，就如車伕讓馬自行拉車，這種放鬆與平衡的狀態，即是捨的現起。

我小時候曾聽人談過如何在竹竿兩端各挑一個籃子，這在緬甸非常普遍。竹竿扛在一邊的肩上，沉重的籃子分別掛在竹竿的前後兩端。一開始，必須用很大的力氣，重量會讓人覺得難以負荷。但在你走了一到十五步後，竹竿開始隨著步伐的韻律上下晃動，你、竹竿與籃子以一種輕鬆的方式移動，因而幾乎感覺不到負重。我一開始也無法相信，但我禪修之後，知道這是可能的。

4.近因：持續的正念

根據佛陀的教導，讓捨生起的方法是如理作意：以培養捨心為基礎，時時刻刻保持正念。前一剎那的捨心帶來後一剎那捨心的生起，一旦捨心生起，就會成為捨心持續和深化的近因。它可以使禪修者超越生滅隨觀智，到達更深的禪修層次。

捨在初學者的心中很難生起，雖然他們可能時時刻刻都在努力保持正念，捨心仍生滅不已。心可能有時十分平衡，然後捨心又消失。逐漸加強捨心所，它出

現的時間會愈來愈長，也愈來愈頻繁，最後強到成為捨覺支。

培養捨覺支的五種方法

註釋書提到五種生起「捨」的方法。

一、以平穩的情緒對待一切眾生

最重要的是以平和的態度對待一切眾生，這些都是你鍾愛的，包括動物在內。對所喜歡的人與寵物，我們會有許多執著與渴愛，有時對某人會很「瘋狂」。這種態度對平衡的心—捨，沒有任何幫助。為了讓捨生起，禪修者必須努力培養不執著與平衡的心，來對待所愛的人與動物。身為世間人，某種執著在人際關係中也許是需要的，但過度執著會傷害自己與所愛的人。特別是在密集禪修期間，我們會過度擔心他們的福祉，所以要放下對朋友的過度關心與憂慮。

有種思惟可以讓你不執著，那就是將一切眾生視為自己業的承受者。人們享受善報，又因不善行而受苦果，他們以自己的意志造業，也必定受其果報，沒有人能阻止。你或別人都無法拯救他們，如果你以這種方式思惟，比較不會擔心鍾愛的人。

你也可藉著思惟勝義諦，對眾生生起捨心，你可以告訴自己，畢竟只有名色而已，你熱戀的人在那裡？只有名法（心）與色法（身）時時刻刻在生滅。你在那個時刻戀愛呢？你可以用這方法讓理智生起。

也許有人擔心如此的思惟會變成漠不關心，讓我們放棄配偶或摯愛。其實並非如此，捨心不是毫無感覺、漠不關心或無動於衷，它是沒有偏好。在捨心的影響下，禪修者不會排斥討厭的事物或抓取喜歡的東西，心安住在平衡的狀態，如實的接受事物。在捨覺支生起時，會同時捨棄對眾生的執著與厭惡。經典告訴我們，對貪欲重的人而言，與其相反的捨心，正是清淨與淨化貪欲的因。

二、以平穩的情緒對待無情物

第二個培養捨覺支的方法，是對所有的無情物—財產、衣物等採取平衡的態度。以衣服為例，它有天會破損、髒污，會腐爛、毀壞，因為它與一切事物一樣是無常的。以勝義諦來說，我們甚至未曾擁有它，一切事物都是無我的，沒有人擁有任何東西。將物質視為無常的，有助於培養捨心且減少執著，你可以對自己說：「我在這一小段時間內利用它，它不會持續到永遠。」

熱衷流行的人，也許會不由自主的買下市場上的每件新產品，一旦這產品被買走，另一種更精巧的產品會很快出現，這種人喜新厭舊，如此的行為沒有捨心。

三、遠離「發狂」的人

第三種培養捨覺支的方法，是遠離對人或物有瘋狂傾向的人。這些人有很強的佔有欲，執取認為屬於自己的人或事物，而有些人則無法與他人享用或使用他們的財產。

有位很執著寵物的長老，在自己的寺裡飼養很多狗與貓。有一天他到仰光的禪修中心參加密集禪修。禪修時，他在適當的環境下禪修，卻無法深入。最後我問他是否在自己的寺裡養寵物，他喜形於色的說：「是啊！我有非常多的狗與貓，自從來到這裡，就一直在想著牠們夠不夠吃，過得好不好。」我要他忘了牠們，專心禪修，他很快便有很大的進步。請勿過度執著所愛的人或寵物，這會阻礙你來參加密集禪修，你也無法深入修行和培養捨覺支。

四、選擇冷靜的朋友

第四個培養捨心的方法是，你要選擇不太執著有情眾生或財產的朋友，在選擇這樣的朋友時，如果正好選到如前述執著寵物的長者，就會有問題了。

五、使心傾向於捨

第五個使捨覺支生起的因素，是不斷的培養捨心。當你的心有這種傾向，就不會想著家中的貓、狗或所愛的人，只會愈來愈平衡、和諧。在禪修與日常生活中，捨心是極重要的。一般而言，我們不是沉溺在欲樂或迷人的所緣境，就是在對抗不愉悅、討厭的所緣，使自己極度煩亂。這些事物的交替，在人類中是普遍的。當我們缺少平衡、穩定的能力，便容易捲入渴愛或瞋恚中。

經典說：當縱情於感官所緣時，心會變得煩亂。如我們的觀察，這是普遍的狀態。人們在追求快樂時，會誤以為心的興奮是真正的快樂，因此，永遠沒有機會體驗由平靜與輕安帶來的更大的喜。

成熟的七覺支是不死

經典告訴我們：所有覺支都會帶來極大的益處，一旦它們獲得充分的發展，便能止息輪迴之苦。由名法和色法所組成的有情眾生的生死輪迴將完全止息。覺支也能摧破使我們生死輪迴的十魔軍—內在的破壞力。所以，佛陀與覺悟者培養七覺支，因而能超越欲界、色界與無色界。

你也許會問：「人們從三界解脫後到那裡去？」不能說有另一種「生」，因為從三界解脫是生死的止息。「生」帶來不可避免的老、病、死，「生」是一切苦的根源，要解脫苦，就要從「生」解脫，若不再生，便不會死。證入涅槃能解脫生與死。

當這些覺支充分發展時，便能引領禪修者證入涅槃。它們彷彿是特效藥，讓心有足夠的力量，禁得起人生的起伏。此外，還能治癒身心的疾病。禪修不保證可以治癒所有的疾病，但培養覺支很可能治療病痛，即使是那些無藥可醫的不治之症。

對治心病

心病是指貪、瞋、癡、嫉妒、慳吝、我慢等疾病，當這些心病生起時，會使心晦暗、混亂，並製造出反應這種混亂狀態的色法。當心被負面思想所籠罩，你會變得愚鈍、不快樂、不健康，就如在污染的空氣中呼吸一樣。然而，如果你在觀察的所緣境上，不時使正念現前，心自然會停留其上，不散亂，定就會在此刻生起。在一段時間後，五蓋與負面的想法就會去除，智慧開始生起。當觀智生起，心變得更清淨，就如從忙亂的城市中歸來，再次呼吸新鮮的空氣一樣。

念、精進與擇法覺支，使定與觀智在連續的階段中生起。每個新的觀智，就如呼吸另一口新鮮空氣一樣。生滅隨觀智的階段是良好且深入禪修的開始，捨覺支使心穩定，同時正念變得愈來愈強，所緣境的生滅也變得十分清楚，對可以直接體驗到的事物的本質沒有懷疑。

精進會突然生起，也許會讓禪修毫不費力。禪修者會了解並沒有一個「人」在努力，當他觀察自己清淨的心時，便會生起喜與樂。同時，實相就在每個剎那中展現，喜隨著輕安，與解脫疑惑、憂慮的心生起。在這平靜的時刻，會觀察得愈來愈清楚。在沒有干擾時，定也會加深。在深入禪修時，禪修者可以體驗平衡的心─即使是極大的喜或樂生起，也不會被樂受所淹沒，或因不愉快的所緣境而動搖。禪修者不厭惡痛苦，也不執著欲樂。

對色身的影響

七覺支會影響身與心，因為兩者錯綜相連。當心清淨，且充滿覺支時，對循環系統會有很大的影響，新製造出的血液非常純淨，它流到不同的器官，使它們淨化。身體會變得有光澤，知覺力會增強，可見色會變得非常明顯。有些禪修者發現許多光從身體發出來，在晚間能照亮整個房間，而心也充滿光。他會非常有信心和證信，相信自己對正在發生事物的直接經驗，身心變得輕盈、敏捷，有時感覺好像飄浮在空中一樣，身體常會覺察不到，禪修者可以如此坐上幾個小時，一點也不會覺得疼痛。

第三篇

禪修者的11個提問

Q：憤怒如何影響禪修者

忿怒使心像刺一樣，既粗重又僵硬。在憤怒的影響下，禪修者會被刺傷，就如旅人強行通過荊棘，每走一步都會受苦。忿怒對禪修者而言，是很大的障礙，我會詳論一些細節，希望能讓你學會克服的方法。大體上來說，它是從兩種心態產生：首先是疑惑，其次是所謂的心「結」。

為我們指出覺悟之道的佛陀說，有五種疑惑導致多刺的心，禪修者會被疑惑刺傷。他會先懷疑通往解脫之道的法，也懷疑根除部分或全部煩惱的聖者（僧伽）；接著懷疑自己：懷疑自己的戒行與禪修方法；最後懷疑其他的禪修者，包括老師。當出現這些疑惑時，禪修者內心會充滿忿怒與抗拒，他的心變得多刺，他可能不願意禪修，對禪修半信半疑，覺得不可信賴。

然而，我們尚未全盤皆輸，智慧與知識是疑惑的良藥。通常具有說服力的話，如老師具激勵作用的開示等，都能把禪修者從疑惑的荊棘叢中誘導出來，回到直接觀察的道路上，如此禪修者會大大鬆口氣，並心存感激。現在，他們有機會了解實相的本質，果真如此，那麼更高層次的智慧，會成為他們多刺的心的良藥。然而，一旦無法回到道路上來，疑惑便會一發不可收拾。

Q：我的心結總是干擾我修行

多刺的心不但會從疑惑中生起，也會從所謂五種心「結」中生起。當這些「結」出現，心會因為厭惡、挫折與抗拒而感到痛苦。這些「結」是可以克服的，觀禪會將它們從心中清除。在它們入侵禪修者時，第一步是認出它們，以恢復寬廣與靈活的心境。

第一個結是**被各種感官的所緣所束縛**。一旦渴望令人愉悅的所緣，就會對當下所發生的事感到不滿。最主要的所緣—腹部的起伏，看起來也許無趣且不如人的幻想，如果這些不滿生起，就會障礙禪修的進展。

第二個結是**對自己的身體過度執著**，有時是極度自戀。在禪修時，過度自戀是值得注意的障礙。當人長時間坐著，必然會生起不愉快的感覺，有些相當強烈，你可能擔心可憐的腿是否還能走路？也許決定張開眼睛、伸伸腿，此時，持續的注意力通常會被打斷，失去衝力。體貼考量自己的身體，有時會排擠掉我們探索痛苦本質所需的勇氣。

個人的外表會引生第三個結。有些人要靠時髦的服飾與裝扮才會感到稱心。如果無法取得這些東西，這些人會覺得好像失去某些東西，而憂慮會影響他們的進步。在密集禪修時，化妝與浮誇的打扮是不恰當的，也會分散注意力。

第四個心結是指**被食物所束縛**。有些人喜歡吃得多，有些人則有許多奇想或偏好。對那些最關心食慾是否能滿足的人來說，打瞌睡的快樂會大於修習正念的快樂。有些行者有相反的問題，會擔心發胖，他們也被自己所吃的東西束縛。

第五個心結，是以**下一世投生在梵天為目標**來禪修。這除了將禪修奠基於渴望之外，眼光也放得太低了。

藉由勤奮修行，可以克服這五種結，以相同的方法也能克服疑惑與忿怒。去除了多刺的心之後，心會如水晶般晶瑩剔透，會很歡喜的精進禪修，讓你走上修行之路；持續精進，讓你進入更深的禪定中；精進到極致，在修行的最高階段帶來解脫。這三種精進使心警覺與敏銳，是抵抗魔羅的第七支軍隊－疑惑最好的方法。只有當心從所緣溜走時，像有時精進力減弱，這時疑惑與遁辭才會乘虛而入。

Q：如何讓心變得清明

信（saddha）有使心變得清明的能力，且能去除疑惑與忿怒。想像一桶混濁的水，充滿沉澱物，有些化學物質如明礬，可讓懸浮粒子迅速沉澱，留下清澈的水。信的作用正是如此，沉澱雜質，為心帶來清淨。

不知三寶功德的禪修者，會對佛、法、僧與禪修的價值感到疑惑，於是被第七魔軍所擊敗。這種行者的心如同一桶混濁的水；當他從閱讀、討論佛法或開示中知道這些功德後，疑惑就會漸漸消失，信就會生起。

有了信心，便會想禪修，願意盡力達到目標。強大的信心是修行的基礎，認真禪修與修行佛法必定能增長精進、念與定，然後智慧便會在觀禪的各階段中生起。

當禪修的環境與條件具足時，智慧自然會生起。觀智只有在能看到名色的自相與共相時產生。「自相」指直接經驗到名色的各別特性，例如顏色、形狀、味道、氣味、聲音、軟硬、冷熱、移動與各種心法。對一切名色的特相而言，「共相」則是有普遍性的。在各別的特質上，每個所緣與其他所緣可能差異極大，然而全都有無常、苦、無我的共相。

由完全的覺知而生起的慧，能清楚的了解自相與共相兩種特性。這種智慧的特質是光亮，它照亮覺知的範圍。智慧好比探照燈劃破黑暗，顯示出一切所緣與心法的自相和共相。透過智慧之光，你會在任何活動中，無論是見、聞、嚐、觸，透過色身的感覺或思考看到這些特質。

智慧的特相是無癡。當智慧生起時，心就不會為與名色有關的錯誤觀念或愚癡的見解所困惑。看得清楚，不困惑，心便充滿信心，這是證信（verified faith）。證信既不盲目，也不是沒有根據，它來自個人的實際經驗，它如雨水，讓人獲得滋潤。經典描述這種信心，是以個人直接經驗為基礎的，如此，我們明白信心與智慧兩者關係密切。

證信不會因為你聽到合理的陳述而生起，也不是來自學問、學術研究或抽象的推論，更不是由尊者、老師、仁波切或心靈團體把它硬塞進你耳朵的。你自己直覺的經驗才能帶來這種穩固持久的信心。

增長與了解證信最重要的方法，是遵從經典的指導來修行。四念處（**sati-patthana**）禪修法有時會被認為太狹隘或太簡單，從外表來看似乎如此，然而當智慧在深度禪修中生起時，這種經驗便會粉碎這種錯誤的觀念。內觀產生智慧，一點也不狹隘，而是能看到遼闊的全景。

信心生起時，會自然發現：心變得如水晶般清澈，沒有污染，此時的心是平靜、清明的。證信的功能是澄淨五根：信、精進、念、定、慧。五根變得敏銳，有效率，而其特性也會更有效的增長，以帶來平靜、有力的禪定，如此禪修者不但能克服第七魔軍，也包括其他魔羅的九支軍隊。

Q：修行如何才能有成就

禪修就如在俗世中的努力，一個精力充沛，意志堅強的人，可以完成任何渴望的事情。精進與心的力量是四種激發修行成就力量中的兩種。欲指意願，是第一種力量，精進是第二種，心的力量是第三種，智慧是第四種。如果這四個心所提供了推動的力量，禪修便會有進步，不論他是否想從中得到任何結果，他甚至能以這種方式證入涅槃。

佛陀以一個例子來說明如何達到禪修的目標。如果母雞以希望蛋能孵化的心來下蛋，但後來牠跑開了，把蛋暴露在大自然裡，那麼蛋很快就會腐壞；假如母雞認真負起孵蛋的責任，每天花很長的時間孵蛋，牠的體溫讓蛋不會腐壞，又能讓小雞在裡面成長。孵蛋是母雞最重要的責任，牠必須以正確的方式去做，微微張開翅膀保護雞巢，不讓雨水淋濕，還必須注意不要坐得太用力而坐破了蛋。如果牠以正確的方式坐著，而且孵上足夠的時間，蛋自然會接受到足以孵化的溫度。在蛋殼裡，胚胎發展成鳥喙與爪子，日復一日，蛋殼漸漸變薄。在母雞暫時離巢的時間，小雞可以從裡面看到光線慢慢變亮，大約三週左右，健康的雛雞便從幽閉的空間破殼而出。結果就是這樣，不論母雞是否能預見這結局，牠所要做的就是規律的孵蛋。母雞非常專注的致力於這項任務，有時牠寧願忍受飢渴，也不想離蛋起身，如果實在必須起身，也會很有效率的完成差事，然後儘快回來坐著。

我不建議你不吃飯、不喝水或不去上廁所，我只希望你能受到母雞耐心與堅忍的激勵。如果母雞變得浮躁，焦慮不安，坐幾分鐘後，就到外面去做其他的事，蛋很快會腐壞，而小雞也無法出生。

對行者來說也是如此。如果在禪坐時，你很容易屈服於一時興起的念頭，去搔癢、移動或扭動，精進的熱度就無法持續到讓心清明，使它不受障礙與困難的影響，就如前述五種心結：欲、對自己與別人身體的執著、貪食，以及以未來的欲樂為禪修目標等的渴望。

努力在每個當下保持正念的禪修者，能持續的精進，就如母雞身上持續的熱度一樣。這種精進的熱度讓心不會腐壞，也不會讓煩惱生起，同時也會經由它的

發展階段，讓慧成長、成熟。

這五個心「結」會在心無法專注時生起。如果行者在接觸愉悅的感官所緣時，沒有正念，心就會充滿渴望與執取，這是第一個結。然而，有了正念就能克服愛欲。同樣的，如果能了解身體的本質，執著就會消失，對他人身體的迷戀也會隨之減少，因此，第二個與第三個結就解除了。

仔細觀察進食的整個過程，可以克服第四個結—貪吃。如果以證入涅槃為目標來禪修，那麼心的第五個結—希望來世投生於梵天界，獲得世俗欲樂的渴望也會消失。因此，持續的正念與精進可以克服這五個結。當這些結解除後，我們的心不再被黑暗、狹隘的心法所捆綁，便能自在的迎向光明。

有了持續的精進、念與定，心會充滿佛法的溫暖，使心保持清明，讓煩惱消失。佛法的芳香瀰漫所有的地方，而無明的外殼漸漸變薄、變透明。禪修者會了解名色及所有事物的本質。信心建立在直接的經驗上，透過身心的生滅過程，他們了解名色如何相互關連，兩者並非由一個獨立的「我」的行為與決定所推動。經由推斷，他們了解這因果關係的過程存在於過去，也會持續到未來。隨著練習的加深，會得到更大的信心，不再懷疑自己、老師、其他的禪修者和禪修，心中充滿對佛、法、僧的感激。然後會看到事物的生滅，並了解其無常、苦、無我的本質。當這種智慧生起時，對這些現象的無明也消失了。

就如正要孵化的小雞，此時你會看到很多光從蛋殼外照進來，對各種所緣境的覺知，會以愈來愈快的速度向前移動，你會有未曾有過的精進，同時生起強大的信心。

如果你的智慧繼續增長，將會體證涅槃—道心與果心。你會從黑暗的殼中解脫出來，就如小雞發現自己來到這個世界，與母親在陽光普照的農家庭院中奔跑，你也一樣，將充滿無比的幸福與快樂。體證涅槃的禪修者會感到無比快樂與幸福，他們擁有強大的信心、精進、念與定。

我希望你能深思母雞的譬喻，就如母雞不帶有欲求希望，只老實認真的完成牠的責任。所以，願你好好「孵化」你的禪修。願你不會成為一顆腐壞的蛋。

Q：如何引導自己的心

我曾花許多時間在疑惑與相關的問題上，知道它的嚴重性，所以希望能幫助你們避免。我知道疑惑會帶來痛苦，有些禪修的比丘戒行並不清淨，他們既不謹慎，又不細心；在家的禪修者也是如此，他們想要交談，又以野蠻無禮的態度四處走動。我的心充滿疑惑，甚至我的老師也是我挑剔的對象：此人從不微笑，有時魯莽又嚴厲，我覺得禪師應該充滿和善與關懷才對。

有能力的禪師可以憑知識、經驗一根據許多禪修者的經驗與經典的研究來推測禪修者的狀況，這位教導我的禪師也不例外。他看到我的禪修退步，猜想應該是心中有疑惑，於是非常溫和、善巧的責備我。之後，我回到房間自我反省，我問自己：「我為什麼到這裡來？來批判他人和考驗老師嗎？不是！」

我了解自己禪修，是為了去除生死輪迴中累積的煩惱，希望能完成這個目標。對我而言，這種反省是很好的釐清。突然腦中靈光一閃，我好比駕著一艘帆船，在外海被狂風暴雨襲擊，四周波濤洶湧，船被風吹得東倒西歪，我無助的在大海中搖晃。附近的船隻也遭受同樣的困境，但我並未操控自己的船，反而高聲向其他船長發出各種命令：「最好升起船帆！嗨，就是你！最好把它們降下來！」如果我繼續做愛管閒事的人，很可能會發現自己已沈在海底了。

這是我自己學到的。從此以後，我非常努力，不再有任何疑惑，甚至變成老師特別喜愛的學生。希望你可以從我的經驗中獲益。

Q：為何有時我會忘記他人的幫助

我慢是種可怕的心態，它會忘恩負義，讓人很難承認自己欠人恩惠，不但忘記他人過去對自己所做的善行，還輕視他們，詆毀他們的功德。此外，還會隱瞞他人的美德，讓他們不受尊敬。這種對待恩人的態度是我慢的第二種型態，第一種則是剛硬。

在我們的一生中有許多恩人，特別是在孩提與年少時，例如，雙親在我們無助時，給我們愛、教育和其他生活所需；老師傳授我們知識；在我們陷入麻煩時，朋友給予幫助。記得那些曾幫助我們的人的恩情，我們會謙虛與感恩，而且希望有機會可以回報。這種平和的心能打敗第八魔軍。

不承認曾受人恩惠的人十分常見。也許某位在家人發現自己有困難，而有個慈悲的朋友給予幫助，幸虧獲得幫助，那人的情況改善了，但後來他卻絲毫不知感謝，甚至反過來對恩人說些刺耳的話：「你曾經為我做過什麼嗎？」這種舉止在這世界上十分常見。

即使比丘也會變得自大，覺得他因為自己的努力，就成為一位有名望且受歡迎的老師。他忘了指導者與師父，他們從他成為沙彌時，就開始幫助他，教他讀經、提供生活所需、指導禪修、給他忠告，以及在適當的時機責備他。因此，他長大才能成為一位負責任、有教養且有禮貌的比丘。到了可以獨立時，這位比丘可能展露極高的天賦。他開示的佛法精彩又淺顯易懂，人們尊敬他，送他許多禮物，還邀請他到很遠的地方弘法。這位比丘處在生命的高峰，變得相當自大。也許有一天，他年長的師父對他說：「恭禧！從你還是個小沙彌時，我就一直照顧著你，在許多方面幫助你，現在看到你做得這麼好，真是打從心裡歡喜。」這位年輕比丘不耐煩的回答：「你幫過我什麼？我為此非常努力呢！」

問題也會發生在佛化家庭，就如同發生在其他家庭一般。所有的家庭應該以一種積極、愛與慈悲的態度，來面對困難。假如全世界的家庭成員都以愛和慈悲相聚在一起，當意見不合時，又能相互體諒，想像這樣會如何？

有許多解決問題的方法，也許不是很有效，但卻非常普遍。例如，家人不以友誼與愛來行動，而是公開揭露家醜、輕蔑其他家人，批評他們的個性或品德。在對家人惡言羞辱與責難之前，要先考慮一下自己的心態。責難、誹謗與輕蔑別人是一種我慢，經典以譬喻來說明。例如，一個被激怒的人抓起一把糞便，丟到對方身上，在弄髒對方之前，他先弄髒了自己。因此，如果有什麼事我們不贊同時，請試著以寬厚的胸懷，學習耐心與寬恕。

想像一位旅人正在漫長且艱辛的旅途中，在一個炎熱的日子裡，他經過路旁一棵枝葉繁茂，有著清涼遮蔭的樹。旅人非常高興，躺在樹下，想好好睡個午覺，如果旅人在他離開之前砍倒這棵樹，這就是經典所謂的忘恩負義，這種人無法了解朋友所展現的善意。

我們有責任去做更多事，不只是避免去「砍倒」恩人。真的，在這世上有許多時候，我們無法回報那些曾幫助自己的人，如果還記得他們的善行，那麼仍然可以稱得上是個好心腸的人。假如能找到方法來報恩，當然要這麼做，不論恩人是否比我們善良，或是個流氓，或與我們的德行相當，都無關緊要。他之所以成為恩人，是因為他曾經幫助我們。

從前有個人很努力工作來扶養他的母親，結果她不斷與男人發生關係。她隱瞞兒子，但最後一些愛說長道短的村民向他揭發她的行為，他回答說：「走開，朋友！只要我媽媽快樂，不論她做什麼都好，我唯一的責任是扶養她。」這是位非常聰明的年輕人，他了解自己的責任—報恩，報答母親生養他的恩情。除此之外，母親的行為是她自己的事。

這個兒子是世上兩種珍奇的人之一。第一種珍奇的人是施恩者，仁慈親切，為了崇高理想而幫助他人，佛陀就是這種人，不遺餘力的幫助人，使他們從痛苦的生死輪迴中解脫。我們應當感念佛陀，並勤奮修行作為回報。第二種珍奇的人是感恩者，對曾經幫助過他的人表示感激，並在時機成熟時回報。我希望你成為兩者兼備的人，不要屈服於魔羅的第八支軍隊。

Q：如何放下自己的煩惱

煩惱有三種：違犯、纏縛與隨眠煩惱。

當人們無法持守基本戒律時，違犯的煩惱就會生起，然後會有殺生、偷盜、邪淫、妄語、飲酒等行為。

第二種煩惱（纏縛）比較細微，不是做了不道德的行為，而是心被一種欲望所纏縛，想要在色身或其他方面殺害、傷害其他眾生。想偷竊財物、操縱人們、欺騙他人的念頭縈繞在心，想獲取一些想要的東西。如果你曾有這種纏縛煩惱，就會知道這是很痛苦的，假如某人無法控制纏縛的煩惱，就很可能以某種方式傷害他人。

第三種是隨眠煩惱，通常沒有顯現出來，它們潛伏著，等適當的時機來攻擊這無助的心。隨眠煩惱就如人深睡著；當他醒來，心開始翻騰時，正是纏縛煩惱

的生起；當他從床上起身，開始從事日常活動，這就如從纏縛的煩惱轉移到違犯的煩惱。在一根火柴棒裡可以找到這三方面，火柴棒塗有磷的那端如隨眠煩惱；摩擦它後產生的火焰如纏縛的煩惱；由於未小心處理火焰，以致發生森林大火如違犯的煩惱。

如果你認真修習戒、定、慧，便可以熄滅這三種煩惱。「戒」使違犯的煩惱無法生起；「定」會鎮伏纏縛的煩惱；而「慧」則根除造成前兩者的隨眠煩惱。以這種方法修行，你就會獲得新的快樂。

透過持戒－真誠的行為所帶來的快樂取代了感官之娛。由於違犯的煩惱消失，有德行的人會過著純潔、清淨，充滿喜悅的生活。我們持戒即持守基本的五戒，更廣泛的說，是遵循八正道中的戒學：正業、正語與正命，這些都以不傷害他人或自己為基礎。

你可能會懷疑：清淨的行為是否存在這世上？當然！在密集禪修時，持戒清淨要容易多了，那裡的環境比較單純，誘惑降到最低。這對所受的戒超過五戒的人，或必須受持許多戒律的比丘、比丘尼來說，更是如此。在密集禪修時，由於不斷的努力，而達到很高的成就。

行為淨化只是第一步，如果我們想止息的不只是粗重的煩惱，有些內在的練習是必要的。定或八正道中的定學：正精進、正念與正定，可以對治纏縛的煩惱。在所緣境生起的每個剎那，需要持續的精進來觀察和覺知，不要分心。就世俗的觀點來說，不斷的精進是很困難的。有了持續的精進、念與定，纏縛的煩惱就無法生起。心專注在禪修的所緣境上，並停留在那裡，不散亂，纏縛的煩惱就無法生起，除非禪修時有剎那的失念。

解脫這些煩惱之樂稱為寂止樂，是種幸福、平靜的喜樂，這是脫離煩惱的結果，心不再渴望、貪求、憤怒、煩亂。有了這種快樂之後，就會發現它勝於感官之樂，覺得放棄感官之樂，以獲得寂止樂，是很值得的交換。

還有比這更快樂的，所以千萬不要自滿，再往前踏一步就可以修習智慧了。有了智慧，會暫時捨斷隨眠煩惱，或許會永久消失。當正念隨著精進與定生起時，就會了解名色的本質；當到達慧成就的階段，八正道中的慧學—正見與正思惟，就會生起。當慧生起時，隨眠煩惱就會止息，藉由慧的逐漸增長，就能證得聖道心，隨眠煩惱便永遠止息。如此深厚的修行，煩惱的折磨會減少，也許永遠消失。

在這種情況下，名聞利養很自然的會到你身上，但你不會陷入其中，它們比起你崇高的目標與修行的熱忱，似乎毫無價值。由於真誠，你絕不會停止增進自己戒律的基礎，而會適當運用這些利益與名聲，繼續修行。

Q：我是否需要一位老師

為了替如理作意創造適當的因緣，有位能引領你走向真理與智慧之路的老師，是很重要的。佛陀說，想要發掘真理的人，應該找一位可信賴又有能力的老師。如果你無法找到好老師，並聽從他的指導，那麼你必然會求助於現今看得到的、過多的禪修文獻。

請千萬要小心，如果你是位貪心的人，獲得許多禪修技巧的知識，然後想把它們放在一起，最後你可能會大失所望，甚至會比開始時更疑惑。即使有些是好的技巧，可是由於你沒有正確的練習，這些技巧就會變得無效，同時還會懷疑它們，如此將無法獲得禪修的益處。如果人不能如法的禪修，對世間現象的本質便無法了解，不只疑惑會增加，心也會變得粗重、僵硬，被忿怒厭惡，及其有關的心法所攻擊，挫折與抗拒可能也在其中

Q：對治疼痛的方法

洞察現象的本質的程度，取決於我們發展定的程度，心愈定，愈能了解實相。當人在覺知苦受時更是如此，如果定力較弱，就無法感覺到身體的不舒服；而在定力加深時，即使最輕微的不舒服都會很清楚，它會被誇張的呈現。大多數人都像近視一般，察覺不到這種感覺。沒有定的眼鏡，這世界顯得模糊，難以辨認；當你戴上定的眼鏡，一切變得清楚了，不是因為所緣改變，而是視覺變敏銳了。

當你用肉眼看一滴水，看不到什麼；如果把它放到顯微鏡下，會看到有很多

東西在蠕動，你會被水吸引住。如果你能在禪修中戴上定的眼鏡，你會很驚訝，疼痛的地方竟發生很多變化。定愈深，你對疼痛的了解也愈深刻。你會愈來愈著迷於自己所看到的，也愈來愈清楚的看到這些苦受不斷變化，從一種感覺到另一種：減弱、增強、變化，定與念愈來愈深、敏銳。偶爾，當這場表演變得精彩絕倫時，會突然結束，好像戛然落幕一樣，疼痛便奇蹟般消失了。

沒有足夠勇氣與精力來面對疼痛的人，便永遠無法了解其中的潛力。我們必須培養勇氣來面對痛苦，讓我們學習不逃避痛苦，直接面對。當疼痛生起，第一個方法是把你的注意力直接朝向它，試著觀察它的核心。看疼痛只是疼痛，持續不斷的觀察，試著到它的表面之下，這樣你就不會有反應了。也許你很努力嘗試，但漸漸感到疲勞，疼痛會使心力交瘁。如果你無法維持相當的精進、念與定，那就是撤離的時候了。

第二個處理疼痛的方法是和它一起遊戲。你觀察疼痛，然後稍微放鬆，注意力仍放在疼痛上，但要放鬆念與定的強度，讓心休息一下。然後盡可能觀察疼痛，如果不成功，再撤離一次。如此進進出出，前後二至三次。如果疼痛還很強烈，而你發現雖然有這些方法，心仍然緊繃，便是投降的時候了，但這並不意味著要變動姿勢，而是要轉換專注的對象。完全忽略疼痛，將心放在腹部的起伏，或最初的所緣上，試著專注其上，就能將疼痛阻隔於覺知之外。

奇蹟般的治療

覺支的力量可以治癒舊疾與不治之症，特別是在深入禪修時。在仰光的禪修中心，奇蹟般的治癒痼疾是很常見的，光是聽到的實例就可寫成一本書，在此，我只簡單敘述兩個明顯的例子。

讓肺結核完全痊癒

曾有位長年為肺結核所苦的人，他找過許多醫生與緬甸傳統的草藥醫師，也在仰光綜合醫院的肺結核病房待過很長時間，但一直都未痊癒。他垂頭喪氣且自暴自棄，覺得自己唯一的道路就是走向死亡。他申請到中心來禪修，當作是最後的依靠，但他隱瞞了嚴重的病情，以免禪修中心以危害其他禪修者的健康為由，拒絕他參加。

在兩週的禪修中，他的慢性症狀明顯的顯現出來，平常只在修習佛法的某個階段中出現的疼痛加劇，令他極為痛苦、煩惱，身心俱疲，以致完全無法入睡，只能整夜躺著咳嗽。一晚，我在自己的茅篷裡，聽到從他的住處傳來的劇烈的咳嗽聲。我帶著一些緬甸治療咳嗽的草藥去找他，希望幫助他減緩一些最近感染的流行性感冒或傷風。他以大字形的姿勢躺在房間內，疲憊得無法言語，痰盂裡裝滿了咳出來的血。我問他是否需要藥，當最後可以說話時，他坦承了病情，我第一個念頭是，不知自己是否已吸入了他的病菌。

他接著為將傳染病帶到禪修中心而抱歉，但請求准許能繼續禪修，他說：「如果離開，我就只有一條路了，那就是死亡。」這些話感動了我，立即鼓勵他繼續禪修。做好避免肺結核病菌散布中心的隔離安排後，我繼續指導他。一個月內，透過禪修快速的進步，他克服了肺結核，當離開中心時，他已完全痊癒。三年後，當他再度出現時，已是位強壯而健康的比丘。我問他現在感覺如何，結核病與咳嗽可有再復發？他說：「沒有！結核病從未復發。至於咳嗽，有時會感覺喉嚨癢，但如果立刻對它保持正念，就不會咳嗽了。佛法真是奧妙且充滿奇蹟，喝了佛法之藥，我完全痊癒了。」

高血壓也都好了

另一個例子發生在二十年前，是位住在禪修中心的女士。她是某位禪修者的親戚，長期為高血壓所苦，也向醫生尋求過許多療法與藥物。有時她會來找我，我鼓勵她禪修，即使在禪修中過世，也能在下一世享受許多快樂，但她總是找藉口，然後繼續去尋找醫生的慰藉。最後我喝斥她：「許多人大老遠來這裡，甚至遠從國外來，在禪修中心品嘗法味，他們深入禪修，並體驗到許多奇妙的事；而你住在這裡，卻沒有禪修到令人滿意的程度。你讓我想起在佛塔下守衛的凶猛石獅，牠們總是背對著佛塔，所以從未禮敬佛塔。」

這位女士因為受訶斥而相當傷心，並同意試著禪修。在很短的時間內，她到達劇烈痛苦的階段。疾病的疼痛結合學法的痛苦讓她吃盡苦頭，幾乎不能進食，也無法入睡。最後，住在禪修中心的家人擔憂她的情況，他們請她回到住處，好方便照顧。我反對，勸她不要聽從，並繼續禪修。家人一次又一次的來找她，我則堅持她繼續禪修下去。對她而言，這相當於一場戰役，但她堅持繼續禪修，不屈不撓，一股勇氣湧現，她決定禪修到最後，即使死亡。

這女士的痛苦劇烈得無法想像，她感覺腦袋好像要裂開，頭上的血管砰砰的敲擊、搥打。她以耐心忍受所有的痛苦，只是觀察它們，很快的，一股熱氣從身體釋放出來，她散發出高熱。最後，克服了這些感覺，一切變得安穩平靜，她戰勝了這場戰役。高血壓完全治癒，再也不必服藥。

禪修能治療身心

我們必須克服膽怯的心，只要你有勇士般的心力，便可藉由了解疼痛的本質來克服它。禪修時，身體會生起許多難以忍受的感覺，幾乎所有禪修者都會發現，身體老是不舒服，並藉由定而增大。在密集禪修期間，疼痛經常來自舊傷、幼時的不幸，或過去的慢性病顯現出來，而目前或最近的疾病會突然變得嚴重，如果上述兩者發生在你身上，可說幸運之神降臨了。你有機會經由自己的勇猛精進，來克服疾病或慢性疼痛，而無須服用任何藥物。許多禪修者透過禪修，便完全克服他們的疾病。

有位多年來為胃疾所苦的人，當他去檢查時，醫生說他有個腫瘤，必須開刀，但他害怕手術失敗致死。為免一死，他決定小心行事，心想：「我最好去禪修。」他在我的指導下禪修，很快就感到許多疼痛，最初並不嚴重，但隨著禪修的進步，且達到「苦隨觀智」時，他有如酷刑般難以忍受的劇痛。他告訴我這些情況，我說：「你當然可以隨時回家看醫生，然而，為什麼不多待幾天呢？」他考慮後，覺得自己還是沒把握從手術中生還，所以決定留下繼續禪修。他每隔兩個小時，吃一茶匙的藥，偶爾疼痛處於優勢，偶爾他戰勝疼痛。這是場兩敗俱傷的長期抗戰，但他有極大的勇氣。在禪坐期間，疼痛是如此劇烈，他的身體不停顫抖，衣服被汗水浸濕。胃裡的腫瘤愈來愈嚴重，壓迫感也益發強烈。當他看著胃時，胃的概念突然消失，剩下意識與疼痛，這非常痛，但也異常有趣。他持續觀察，只有專注的心與益發難受的疼痛。最後，有個如炸彈般的大爆炸發生了！他說甚至可聽到巨大的聲響，之後一切都結束了。他從一身是汗的禪坐中起來，觸摸腹部，那個曾因腫瘤而突出的部位，已沒有任何東西，他痊癒了！他完成了禪修，並對涅槃有所體悟。

不久，他離開中心，我請他告訴我醫生對這胃部問題的看法，醫生對腫瘤消失感到震驚。現在，他可以忽略遵循了二十年、嚴格的飲食控制，他充滿活力，擁有健康，甚至連醫生都成為內觀禪修者呢！

我遇到無數患有慢性頭痛、心臟病、結核病，甚至癌症與早年受過重大傷病的人，其中有些人被醫生宣告不治，他們都經歷過巨大的痛苦，但以堅忍不拔的精進來禪修，最後痊癒了。更重要的是，很多人藉由堅持的勇氣來觀察痛苦，並深入了解實相，最後獲得觀智。你不應該因為苦受而感到沮喪，要有信心與耐心，堅持不懈，直到了解生命的實相。

治病別忘了解脫

我曾目睹腸道阻塞、子宮囊腫、心臟病、癌症與許多疾病被治癒，我希望這些故事能激勵你，但沒有人能保證一定會出現這個結果。儘管如此，如果禪修者熱切、堅忍不拔、勇猛精進，對因疾病或舊傷而生起的疼痛保持正念，他會奇蹟般的康復。堅忍不拔的精進會帶來極可能痊癒。

Q：怎麼觀察自己的心

觀智與有為法的三種特相有關：即無常、苦、無我（沒有永恆不變的自我）。

無常

當你觀察所緣境的生滅時，你會發現它們短暫的本質：它們的無常。這對無常的了知是直接的，是第一手的，無論你觀察何處，你會發現無常的現象。在你的心接觸所緣的剎那，你清楚的觀察所緣如何消失。強烈的滿足感會生起，你會對你的禪修深感興趣，會對發現這個宇宙的真相和真理感到欣喜。

即使是短暫的觀察，也可以知道身體是無常的。因此，無常一詞，指的是整個身體。更仔細觀察，我們會發現，所有出現在六根門的現象都是無常的。我們會了解無常意指所有無常的事物，包括心與物，名法與色法。在這因緣和合的世間，我們無法找到不是無常的事物。

事物的生生滅滅是無常相，這種無常的現象是可以確認的。無常隨觀智是直覺的了解無常的真相。它就在觀察特定事物的當下生起；無常隨觀智就在觀察事物滅去的當下生起。如果沒有這種直接的觀察，那麼，要了解無常是不可能的。

苦

有為法的第二個特性是苦。當你觀察無常時，很自然的，苦會變得明顯。當現象生生滅滅時，你會發現沒有任何事物是可以倚賴的，也沒有任何事物可以穩固的執取不放。任何事物都是遷流不息的，是讓人不滿意的，所以，現象界無法依止。苦也是無常同義詞，意指凡是無常的事物，也是讓人痛苦的。

在禪修的進展上，疼痛的感受可以變得非常有趣。禪修者可以觀察苦受一段時間而沒有任何反應。你會發現苦受不是持續不變的，苦受不會持續超過最短的瞬間。持續的錯覺開始破碎。當疼痛在背後生起，禪修者發現，燃燒般的熱轉變成壓力，然後變成悸動；悸動變成它的特徵，它的相狀，並逐漸增強，最後到達頂點。心會發現疼痛止息了，疼痛從意識中消失了。

克服了疼痛，禪修者會充滿喜悅、高興。身體會感到清涼、平靜、舒服，然而禪修者並不會誤以為痛苦已經徹底摧毀。感受（sensations）讓人不滿的本質變得更明顯，禪修者會視這個色身為痛苦的和讓人不滿意的軀殼，而無常的腳步從不停歇。

苦的特相或苦相是被無常壓迫所致，是因為所有的事物不斷的生生滅滅，所以我們生活在極大的苦迫中。一旦事物生起，它的滅去是不可避免的。

苦隨觀智是了知苦的觀智，它在我們觀察「現象」滅去的當下生起，然而它與無常隨觀智不同，後者是突然了悟到，外在的事物是不可靠的，是無法依止的，甚至是令人畏懼的。

對於苦的了解若是透過閱讀、透過推理或思考，與真正的受苦有所不同。苦隨觀智只有在當心覺知（觀察）到事物的生滅現象時才會生起，並了解他們無常的本質是可畏懼的，不可貪愛的和不好的。

了解苦是所有事物本有的現象，是非常有用的，它使我們去除這些事物是使人快樂的錯誤見解，當這種錯誤的見解消失了，貪愛就無法生起。

無我

現在，很自然的，我們了解無我：在身心的生滅過程中，背後沒有一個「人」在其中。從這一剎那到下一剎那，事物的生起是自然的過程，沒有「人」在其中。無我隨觀智的生起是以無我和無我相二者為基礎。

換句話說，無我指所有無常的現象，他們沒有永恆不變的自我，包括每一個心法與色法。無常與苦的唯一不同是所強調的層面有所不同。

無我、無我相是發現事物的生滅並不會依照個人的希望。所有的名法和色法的生滅現象，都是遵循自然的法則，這種生滅現象是超越人為的控制的。我們可以透過觀察天氣的變化來理解，有時是酷熱，有時大寒；有時溼，有時乾。有些氣候變化無常，我們不知道接著會發生什麼事。沒有任何人都能適應的氣溫，使每個人都感到舒適。氣候遵循它的自然法則，正如四大種構成我們的身心，當我們生病、受苦，最後死亡，這些過程不是與我們的願望相反嗎？

當我們觀察身心的生滅現象時，我們可能會對無人能控制的生滅過程感到驚訝，這種觀智的生起是非常自然的，並非受他人的影響或操控而獲得的，也非來自思考；而是來自觀察事物滅去的現象，這是所謂的無我隨觀智。

當我們無法觀察現象界的剎那生滅時，我們容易誤認為在身心生滅過程的背後，有個「我」，有一種不會改變的實體存在著。由於清楚的覺知，這種邪見在一瞬間被去除。

Q：梵行的本質是什麼

在自我淨化中品嘗快樂，不貶損他人，不自我膨脹是可能的，此處可用譬喻來說明。想想一棵價值連城的樹木，樹心是最珍貴的部分，我們可以把這棵樹比喻為佛陀所說的梵行：戒、定、慧。樹幹的橫切面顯現出樹心、木質部、韌皮部、最外層薄薄的樹皮，以及樹枝與果實。

梵行由戒、定、慧構成，包括涅槃道與果的成就，也包括神通─是透過觀智而了知實相本質的神通。然後，會有藉由修行而來的名聞利養。

樵夫可能為了某種目的，進入森林尋找樹木的心材。當他找到這棵高聳挺拔的樹木時，會把所有的樹枝砍下帶回家。之後，他發現這些樹枝與樹葉並無用處，這就如人滿足於名聞利養一樣。

另一個人可能剝去薄薄的樹皮，就如一位對清淨梵行感到自滿的行者，卻不想為進一步開發心智而努力。

第三位行者也許有點聰明，了解戒律並非道路的終點，還要開發心智。他開始禪修，努力練習，達到心一境性，覺得很好。心平靜滿足，充滿快樂與歡喜，甚至可能精通禪定。然後就會想：「天哪！我感覺真棒！旁邊那個人的心還是和以前一樣掉舉。」這位行者覺得他達到內觀與梵行的精髓。事實上，他是受到第十魔軍的攻擊罷了，這就如樵夫滿足於樹的韌皮，還未碰觸到樹心一樣。

另一位行者更是野心勃勃，決定要開發神通，他因獲得神通而自鳴得意，此外，覺得玩玩這些新能力有許多樂趣。然後就會生起一種想法：「哇！真棒！這一定是佛法的精髓，不是每個人都可以做到吧！那邊那位婦女無法看到她眼前的天人與餓鬼。」如果他無法逃離第十魔軍，在發展善心上，就會變得過度沈溺、怠忽，也會充滿痛苦。

神通不是解脫。在現代，許多人會被有超自然能力的人影響，為了某種理由，甚至稍微展現一下神通，似乎也會吸引許多人的信心。在佛陀時代也是如此，事實上，曾有位在家信徒去找佛陀，建議他的教學應該以示範神通為基礎，為了這目的，佛陀應該安排所有有神通的弟子，對大眾顯示神通。這位信眾說：「人們真的會印象深刻，以那種方法，你會獲得許多信徒。」

佛陀拒絕了這項建議，那信徒請求了三次都遭到拒絕。最後佛陀說：「善男子！有三種神通，第一種是行於空中，出沒地上，以及其他種種神變；第二種是可以了知他人的心，你會對某人說：『哎呀！你在某一天曾這麼想，然後就這麼做了。』人們會對此印象深刻；第三種神通─指導能力，藉此可以告訴別人：『哦！你有如此這般的行為舉止，那是不好的，對自己或他人並無益處。你應該捨棄它，以這種方式來修習，培養善行。然後，依我教你的方式禪修。』這個指導別人走在正道上的能力，是最重要的神通。」

「善男子啊！如果顯示前兩種神通給那些對內觀有信心的人，並不會破壞他們的信心。但有許多人不是天生就有信心，他們會說：『這個嘛⋯⋯也沒什麼特別的。我知道其他宗派與宗教中的人藉由咒語或其他祕傳的修習方法，也可以獲得這種神通。』像這樣的人會誤解我的教導。」

「善男子啊！第三種神通是最好的，可以指導他人。當某人說：『這是不好的，別這樣做！你應該謹言慎行，這是去除煩惱的方法，是禪修的方法，是達到涅槃的方法，因此你可以從所有的痛苦中解脫。』善男子啊！這是最好的神通。」

當然，如果你有興趣的話，可試著去獲得神通。它並非不可或缺，與修觀也不矛盾，沒有人會阻止你，其成就也非一文不值，不會讓人嘲弄，只是不要把神通視為修行的目的。某人獲得神通，相信自己已到達心靈解脫之路的終點，這是嚴重的誤導，他就像要找樹木的心材，卻滿足於所取得的樹皮一樣，把它們帶回家後，才發現毫無用處。所以，在獲得神通之後，請繼續發展各種觀智，直到證得阿羅漢果位。

當念與定有良好的發展時，觀察萬物本質的觀智就會生起，這也是一種神通，但並非道的終點。

你最後證得須陀洹道—覺悟的第一階段，初探涅槃道心，永遠根除某些煩惱。你可以繼續修行並發展果心，當果心生起時，心便住在涅槃大樂中。這種解脫不受時間限制，一旦你證得須陀洹道，隨時可以回到這種狀態。然而，這較低的成就並未符合佛陀的目標—完全覺悟，心究竟解脫，所有的煩惱永遠止息。

當佛陀說完樹木的譬喻之後說：「我的教導的益處，不在於名聞利養，也不在於持戒清淨，不在於禪定的成就，不在於獲得神通，而是從煩惱中究竟解脫。」

我希望你能集中精力與鼓起勇氣，來面對魔羅的十支軍隊，徹底擊敗它們，圓滿各種觀智。願你至少就在今生獲得須陀洹果，並能從痛苦中究竟解脫。

書系	書號	書名	編著者	流通費	數量
定學	I9001	不淨觀(附彩圖)	淨明	650 元	
	S8501P	釋禪波羅蜜次第法門白話 上冊	智者大師著；黎玉璽譯	480 元	
	S8501P	釋禪波羅蜜次第法門白話 下冊	智者大師著；黎玉璽譯	380 元	
慧學	ST9201	圓覺經略疏	宗密大師	220 元	
	TA8701	大智度論白話研習本 50 冊（全套不分售）	龍樹菩薩	11000 元	
	TA9301	大智度論概要易讀	陳朝棟	280 元	
	I9301-1	現觀莊嚴論略釋	法尊法師	199 元	
	I9401	西藏格言選集	滇津顙摩	180 元	
	I9801	圖解達賴喇嘛教您修心	達賴喇嘛傳授；Tenzin Tsepag 英譯 滇津顙摩中譯	360 元	
	I10101	大般若經精要【修訂版】	張子敬夫婦	580 元	
	I10102	學佛一定要懂的辨證法要：辨了不了義善說藏論	宗喀吧大師著；弘悲記；法尊法師譯	299 元	
	I10103	讀懂四部宗義：四宗要義講記	土官呼圖克圖著；法尊法師譯	199 元	
	I10104	智者大師教初學者如何正確禪修身心：讀懂修習止觀坐禪法要講述	智顗大師述；寶靜法師講 大千編輯部新編	320 元	
	I10105	中國第一本佛書：牟子理惑論	陳義雄	280 元	
	I10201	活在當下的智慧：讀懂智者大師空假中三諦圓融	釋浮光	280 元	
	I10202	讀懂<菩提道次第廣論>之止觀思想與實踐：學習廣論一定要知道的解脫道關鍵	連英華	299 元	
史傳	P9901	龍欽巴全傳	拉喇・索朗曲珠著；李學愚譯	299 元	
	P9902	即身成佛的法王：現證無學金剛貝雅達賴法王全傳	吉仲・逞列強巴迴乃著 李學愚譯	300 元	
	P10101	學佛一定要知道的正法法脈傳承：讀懂付法藏因緣傳	西域三藏吉迦夜共曇曜著 黎玉璽譯	450 元	
般若經論	I9604	般若波羅蜜多要訣現觀莊嚴論釋心要莊嚴疏合集	彌勒怙主造論；獅子賢尊者作釋 賈曹杰尊者作疏；滇津顙摩中譯	1200 元	
藏傳佛教系列	TV9101	藏傳佛教大趨勢	黃維忠	280 元	
	TV9102	藏傳佛教密宗奇觀	東主才讓	350 元	
	TV9103	藏傳佛教智慧境界	班班多杰	350 元	
	TV9104	藏傳佛教大師生涯	周煒	320 元	
	TV9105	藏傳佛教活佛轉世	諾布旺丹	320 元	
	TV9106	藏傳佛教僧侶的生活	寧世群	280 元	
	TV9107	藏傳佛教文化研究	扎洛	320 元	
	TV9108	藏傳文化死亡的藝術	馮智	350 元	
	TV9214	藏傳佛教密咒總集	東主才讓	180 元	
	TV10303	藏傳佛教密咒全集	大千編輯部編輯；澤仁扎西堪布鑑定	500 元	
	TV1060700	藏傳佛教思想體系速查表	扎西雍措	1500 元	
	TV1060701	藏傳佛教入中論思想體系表	扎西雍措	160 元	
	TV1060702	藏傳佛教俱舍論思想體系表	扎西雍措	160 元	
	TV1060703	藏傳佛教現觀莊嚴論思想體系表	扎西雍措	160 元	
	TV1060704	藏傳佛教釋量論思想體系表	扎西雍措	160 元	
	I9301-2	修心日光論	虛空祥尊者著；釋法音譯	150 元	
	RJ13001	大圓滿隴千心髓前行解脫勝道明燈奉	仁增塔欽仁波切 譯	550 元	
	I9501	三十七佛子行 吉祥燈莊嚴釋	額曲・無著賢；仙巴朵傑釋	150 元	
	T9701	藏傳佛學關鍵詞彙	吉祥積著 郭敏俊譯	450 元	
	LI10201	西藏文法典研究	蕭金松	280 元	
	I93011	中觀寶鬘論之顯明要義釋	龍樹菩薩造論；賈曹杰尊者作釋	280 元	

密教	S8701	密宗道次第廣論	宗喀巴大師	500 元	
	S9001	認識密教	圓烈阿闍黎耶	180 元	
	S9002	顯密圓通成佛心要集	圓烈	180 元	
	S9005	唐譯密咒注疏	圓烈	280 元	
	S9301	密教通關	阿闍黎密林	220 元	
	S9302	四加行法觀行述記	宗喀巴大師輯	150 元	
	I8501P	菩提道次第廣論(上下冊)	宗喀巴著；法尊譯	580 元	
	SD9901	樂空捷道：至尊金剛瑜伽母那若空行不共成就法生圓次第極密導引	欽則・阿旺索巴嘉措	1200 元	
	SD9902	樂空不二：溫薩口傳上師瑜伽法之不共導引口傳訣要	四世班禪・洛桑卻吉堅贊大師/帕幫喀巴・德欽寧波大師合著 欽哲・阿旺索巴嘉措譯	1800 元	
	SD10001	樂空智慧：世尊總攝輪執布巴傳規之生圓二次第釋論	溫薩巴・洛桑頓珠造論 欽哲・阿旺索巴嘉措譯	1200 元	
	S10101	六字真言密義【修訂版】	圓烈	220 元	
	S10201	印度西藏密教概論	薩迦二祖索南孜莫著，許明銀譯	250 元	
大千佛企	01	振興台灣佛教發展大未來：寺廟經營管理與資產活化應用	簡意濤	280 元	
	02	佛教的社會關懷與寺產問題	黃運喜	380 元	
中國書法	AL9501	書道秘笈	李聰明	260 元	
	AL9502	甲骨文的書法藝術	李聰明	279 元	
	AL9503	鐘鼎銘文的書法藝術	李聰明	260 元	
	AL9504	鳥蟲文的書法藝術	李聰明	160 元	
	AL9505	佛經寫經的書法藝術	李聰明	180 元	
	AL9506	岣嶁碑的書法藝術	李聰明	99 元	
	AL9507	道家天文的書法藝術	李聰明	250 元	
	AL9508	書法藝術作品的賞析評論與收藏	李聰明	250 元	
	AL9509	李聰明書法藝術作品選集	李聰明	220 元	
	AL9510	顛覆傳統的現代書法	李聰明	260 元	

書系	書號	書名	編著者	流通費	數量
南傳內觀	S8601	攝阿毗達摩義論	阿耨樓陀	250 元	
	IZ9002	內觀法要【新版】	阿觀達磨多羅等	280 元	
	IZ9003	內觀禪修【新版】	阿姜念等	250 元	
	IZ9004	南北傳內觀基礎佛經	林崇安	280 元	
	IZ9301	四念處內觀禪修(1)	馬哈希	250 元	
	IZ9501	內觀禪十五個原則（修訂版）	阿姜・念著 徐強譯	280 元	
	S9501	南傳法句經新譯	法增比丘	199 元	
	IS9501	馬哈希的清淨智論	馬哈希著 溫宗堃譯	220 元	
	IZEN9502	阿姜念談內觀實修	阿姜・念	299 元	
	IZ9601	觀禪手冊	雷迪大師著 果儒譯	180 元	
	IZ9603	內觀動中禪	隆波田禪師等著 林崇安編集	280 元	
	IZ9604	馬哈希尊者談毗婆舍那	馬哈希著 溫宗堃譯	299 元	
	IZ9605	止觀法門的實踐	林崇安	280 元	
	IZ9703	內觀導航	約瑟夫・葛斯丁著 果儒譯	220 元	
	IZ10001	四念處內觀禪修(2)：你從未正確知道的身念處	阿姜・念著 凡拉達摩譯	320 元	
	IZ10004	被 99%學佛人輕忽的根本教法：馬哈希尊者講解轉法輪經	馬哈希尊者著 溫宗堃、何孟玲譯	320 元	
	IZ10006	正見的洗鍊：解脫道全景的重點	班迪達禪師著；溫宗堃中譯	380 元	
	IZ10101	諸佛共同的聖劍：最完整四念處禪修講解，最直接斷除煩惱的力量	性空法師講述	320 元	
	IZ10102	清淨道次第禪修地圖：讀懂阿毘達摩的理論與實踐	性空法師講述	350 元	
	IZ10103	佛陀大放光明的關鍵：解密基礎發趣論之 24 緣，洞悉生命運作的規則【彩圖修訂版】	摩訶甘達勇長老著 釋祖道譯	420 元	
	IZ10104	內觀實踐【新版】	馬哈希法師等著	280 元	
	IZ10301	觀呼吸：佛陀開悟實修法門	佛使比丘 泰語講述；法師基金會護法團 英譯；鄭振煌 中譯	320 元	
	IZEN9503	觀的智慧：一乘毗鉢舍那諦觀理論與實修筆記	劉淳德	280 元	
	IZEN10201	菩提樹的心木	佛史比丘 泰語講述 鄭振煌 中文翻譯	180 元	
	IZEN10202	內觀禪修次第	艾瑪・凱瑪著；果儒譯	280 元	
	IZEN10203	不出世的奇葩：南傳佛教第一人，佛使尊者	鄭振煌	250 元	
原始佛教	OB10101	回歸佛陀的本懷	吳老擇	280 元	
	OB10102	原始佛教成佛之道：阿含經的中道與菩提道	林崇安	220 元	
大衆佛學	WS9901	楞嚴經全譯易讀【修訂版】	蕭振士編譯	399 元	
	WS9902	圖解佛教禪定與解脫：決定佛陀證悟的關鍵	釋洞恆	500 元	
	WS9903	拒絕外靈干擾：業障病消除與破魔的佛教療法	唐心慧	399 元	
	WS10002	你覺醒了，世界也跟著你覺醒：當下應變	亞瑟・吉安著；趙閔文譯	350 元	
	WS10003	人生就像高湯，熬過才夠味	林靜著	199 元	
	WS10101	把病說走：性理五行療病法，專治找不出病因的疑難怪症	張敏亮	299 元	
	WS10102	慈悲地圖：禪修科學家教您通向真實幸福的慈悲法門	芭芭拉・萊特 (B.R.Wright PhD.) 著，蔡稔惠譯	280 元	
	WS10201	佛法與慈悲地圖：禪修科學家首創佛法的慈悲教育	芭芭拉・萊特、史蒂芬・龍著，蔡稔惠譯	350 元	
	WS10401	無邪不摧金剛經：無事不辦輕鬆行	鄭振煌	350 元	
	WS10402	佛法新論：正解佛陀的法義	鄭振煌	350 元	

	WS10501	看話參禪：從止觀、心性、般若波羅蜜談看話禪	鄭振煌	180 元	
	WS10502	佛陀教學的智慧	楊婷壹	320 元	
	WS10503	圓融無礙金獅子：華嚴金師子章釋義	鄭振煌	320 元	
	WS10504	轉複雜的煩惱心為簡單的菩提心：八識規矩頌輕鬆解歡喜行	鄭振煌	380 元	
	WS10701	洞見最真實的自己：覺醒生命的 11 個階段	焦諦卡禪師	350 元	
	WS10702	覺知生命的 7 封信：放下人生 7 大重擔的啟示	焦諦卡禪師	250 元	
	WS10703	禪修教觀（上）：教理與實修操作手冊	鄭振煌	499 元	
	WS10704	禪修教觀（下）：教理與實修操作手冊	鄭振煌	450 元	
史料	TS9401	白史	根敦瓊培	220 元	
	TS9501	新紅史	班欽・索南查巴著；黃顥譯	340 元	
	TS9502	布頓佛教史	布頓著；蒲文成譯	399 元	
禪學	Z9201-5	禪學思想史（5 冊合售） 禪學思想史 1(印度部) 禪學思想史 2(中國部 1) 禪學思想史 3(中國部 2) 禪學思想史 4(中國部 3) 禪學思想史 5(中國部 4)	忽滑谷快天著；郭敏俊譯	1800 元	
重讀佛教	RT9301	重讀台灣佛教・戰後台灣佛教(正編)	闞正宗	450 元	
	RT9302	重讀台灣佛教・戰後台灣佛教(續編)	闞正宗	450 元	
咒語	CH9502	古梵文千句大悲咒：青頸大悲咒集校註	簡豐祺	320 元	
	CH9701	古梵文佛教咒語大全	簡豐祺	580 元	
	CH9702	古梵文佛母大孔雀明王經	簡豐祺	320 元	
	CH9801	梵文常用咒語彙編	黃力查	680 元	
	CH10001	怎麼持楞嚴咒最有效：古梵文楞嚴咒增訂版	簡豐祺	350 元	
	CH10101	古梵文佛教咒語大全續篇	簡豐祺	580 元	
	CH10102	古梵文觀世音菩薩咒語全集	簡豐祺	680 元	
	CH10201	楞嚴經咒威德力的科學觀：輕鬆快速背誦楞嚴咒	林同啓	580 元	
	CH10701	古今梵文佛說隨求即得大自在陀羅尼神咒經	黃力查	450 元	
呂澂佛學系列	LU9201	印度佛學源流略論【新版】	呂澂	480 元	
	LU9202	中國佛學源流略論【新版】	呂澂	480 元	
	LU9203	西藏佛學原論	呂澂	199 元	
	LU9204	因明入正理論講解	呂澂	180 元	
	LU9205	經論攷證講述	呂澂	269 元	
	LU9206	歷朝藏經略考	呂澂	286 元	
	LU10101	呂澂大師講解經論（精裝兩冊）	呂澂	999 元	
字典	T8501P	佛學常用詞彙	陳義孝	680 元	
儀制	U8701	佛事儀軌	大千編輯部	350 元	
	U9801	佛教常用疏文儀軌	南山閒雲妙禪	500 元	
辯證	10201	因明好好玩：學佛一定要懂的佛教邏輯學	曉剛法師	250 元	
覺海	MT9601	報應看得見	賴樹明	199 元	
以聖文尊	P10502	我如何拯救印度佛教：印度佛教復興血淚史一護法大士傳記	僧護居士著；劉宜霖譯	280 元	
歷史	SP901	大爆炸之後	智陽	320 元	

◎ 價格若標示有誤，以書籍版權定價為準

心鼓手出版暢銷新書

書系	書號	書名	編著者	流通費	數量
	HL0802	遇見喜馬拉雅山的大師	陳廷宇著；洪俊文攝	299 元	
	OS08	在工作中悟道：開心工作的 35 項修練	麥可．凱洛爾著；翁仕杰譯	299 元	
	OS22	氣場色彩大解密：從生命彩光中找到快樂的天命(附彩卡)	潘蜜拉．歐斯理著；游懿萱譯	350 元	

◎ 價格若標示有誤，以書籍版權定價為準

大喜文化出版暢銷新書

書系	書號	書名	編著者	流通費	數量
掃葉新解	05	倉央嘉措塵封三百年的祕密：解開六世達賴生死之謎	白瑪僧格	350 元	
淡活智在	01	練習看自己	王國華	280 元	
	02	不執著的幸福	淨明	250 元	
	03	聖人不折騰	趙文竹	280 元	
	04	遇見，最真實的自己：找回被遺忘的愛與喜	楊宗樺	280 元	
	05	道德經的科學觀：以當代科學知識發掘老子思想的奧秘	孔正、王玉英	499 元	
	06	一次讀懂梁皇寶懺:輕鬆了解梁皇寶懺解冤的秘密	妙翎兒	800 元	
	11	六祖壇經輕鬆讀：暗夜烏鴉	蕭振士	280 元	
	12	心經．金剛經輕鬆讀：光照江洋	蕭振士	280 元	
	13	勝鬘經輕鬆讀：男女平等成佛的關鍵根據	蕭振士	260 元	
	14	肇論白話輕鬆讀：用智慧尋找佛道	蕭振士	280 元	
	15	金剛經的真面目，你讀對版本了嗎？：八種譯本的比較 以派系思想為主	釋定泉	320 元	
	16	圓覺經輕鬆讀：找回人的本來佛性	蕭振士	280 元	
	17	3 分鐘放鬆！：舒緩壓力、更有效率的 59 個靜心遊戲	淼上源(黃健原)	320 元	
	18	不動怒，正念禪修的智慧：讓您的大腦不被性罪所支配	梁崇明	260 元	
	19	問禪：旅人悟道的喜悅	梁崇明	280 元	
藝術創作	02	心靈彩繪：從曼陀羅找到你的性格顏色	蔡愛玲、珈瑀	320 元	
喚起	02	小釋懷的快樂齋	釋懷	280 元	
	03	在遊戲裡，禪修！每天 3 分鐘，五位大師教你新鮮有趣的創意靜心	噶瑪旺莫	320 元	
	06	狼學：對自己要夠狠，讓你對未來無所畏懼的八個步驟	李維文	280 元	
	09	簡單，才能開心	噶瑪旺莫	280 元	
	12	煩惱是我的老師:十七則小故事讓你學會放下的技巧	趙文竹	280 元	
	18	我的人生與你何干：學會享受生活、而不是受生活折磨	包小彬	280 元	
	19	我沒輸，正準備贏：找到自己夢想，就要義無反顧的開始	成偉	280 元	
	20	開始清理，好事會發生：改變周圍氣場的環境整理術	簡佳璽	260 元	
	24	讓菜鳥不再流淚的 62 張職場生活筆記	若谷	280 元	
	25	你為什麼要穿越玉米田？：想成功就必須用心思考！	若谷	280 元	
	27	菩提道次第廣論毗缽舍那	宗喀巴大師	1300 元	
	29	好習慣不用刻意練習：每天只要多做一點點，輕鬆製造慣性，就能簡單改寫人生	速溶綜合研究所	280 元	
	30	用傾聽取代說服，贏回話語主導權	速溶綜合研究所	280 元	

懶人包	07	打造不受傷的身體：奧運防護員的十招萬用伸展操	黃益亮	350 元	
	08	獨寵女人的中醫天然食療祕方：養顏、補血、調氣的根本調養	胡維勳	350 元	
	09	子宮排毒 28 天奇蹟療程：韓國三神奶奶一次解決經痛、不孕症、子宮肌瘤、子宮頸癌	姜明子	350 元	
綠生活	07	市面上買不到的好油：椰子油+橄欖油+亞麻仁油的超級配方	王康裕	280 元	
	08	逆轉失智症：我的母親這樣做，遠離失智，腦細胞活化了！記憶力提升了！	吳建勳	350 元	
	10	百藥之王：薑黃：舒緩痠痛、抗癌、保肝、防失智、顧腸胃、降三高的植物黃金	梁崇明	320 元	
	11	安眠、安神、安身的古中醫砭石三安療法：全身微循環，排毒、除濕、去痠、解勞、.....所有病痛一次搞定	梁崇明	380 元	
呷健康	01	穀類中的紅寶石 台灣紅藜： 抗氧化、降血壓、控制血糖、降低大腸癌與慢性病風險，全方位保健天然貢品	梁崇明	320 元	
	02	告別老年心血管疾病，壽延十年：血管一堵百病生，簡單對抗高血壓、高血脂、糖尿病、冠心病、急性心肌梗塞的飲食寶典	胡大一	380 元	
	03	素食者的雞精：啤酒酵母：缺乏維他命 B 群，頭暈、心悸、痠痛、便秘和慢性疾病通通找上門	梁崇明	320 元	
	08	喚起體內的神醫：亞洲生機食療第一人 歐陽英的傳家食療寶典(附 9000 天版歐陽英食療軟體與歐陽英老師親自示範光碟)	歐陽英	1800 元	
	09	什麼？我的廚房有毒！(一)：那些你以為的基本常識，都是致癌的風險	范志紅	299 元	
	10	救命防癌抗老聖果：諾麗果的自癒奇蹟：喝出不罹癌體質的飲食療癒聖經	梁崇明	350 元	
工具箱	01	二手車購買聖經：黑心車商不告訴你的專業鑑車術	小施	360 元	
	03	小資租屋大哉問：全面剖析從找屋、看屋、簽約到入住會遇到的常見問題	崔媽媽基金會	280 元	
視覺文學	01	森鷗外的性生活與半日	森鷗外著；王曉維譯	299 元	
	02	芥川龍之介與果戈里的鼻子	芥川龍之介、果戈里	299 元	
大人學	01	老，自在：50 後人生的八堂必修課	邱天助	350 元	
新繼文化	06	我是歐普拉：從貧民到百億天后的關鍵信念	汪仟霖	320 元	
	07	川普學:我是這樣成功的	李棋芳	320 元	
	08	臉書統治網路的八個觀念:馬克·祖克柏打造十五億用戶王國的秘訣	李棋芳	280 元	
佛法小冊	01	稻盛和夫的商聖之路:用佛陀的智慧把破產企業變成世界五百強	王紫蘆	320 元	
	02	賈伯斯的蘋果禪：用佛陀的智慧打造 9,000 億美元的企業	王紫蘆	280 元	
慢行	01	慢・茶之旅:我在印度聖地學習正念的十場茶席	劉惠華	320 元	
法眼	01	台灣報應奇譚:看到現世報的三十一則故事	賴樹明	280 元	
	02	當法律無法帶來正義：那些被判無罪的敗類如何得到應有的報應	賴樹明	280 元	
果如法師說禪	01	禪的知見：為參話頭做準備（精華版）	釋果如	280 元	
	02	禪的實踐：大慧宗杲禪師語錄選輯講釋（精華版）	釋果如	280 元	
經典精要	001	華嚴經開悟後的生活智慧：入法界品精要	唐・實叉難陀 梁崇明	350 元	
	002	法華經精要，不可思議的今生成佛智慧：開發您本有的無限潛能	姚秦・鳩摩羅什 梁崇明	350 元	
	003	大般涅槃經精要：最惡的人也能成佛的智慧，開發每個人本有的覺性	天竺三藏曇無讖 梁崇明	380 元	
	004	維摩詰經精要，從入世證出世的智慧：有錢不礙修行，沒錢會障礙你的修行	姚秦・鳩摩羅什 梁崇明	350 元	
	005	楞伽經精要，以佛心印心辨別修證真假：了悟第一義心，遠離各種外道及見解上的過錯	實叉難陀 梁崇明	350 元	

◎ **購書前請先確認是否有庫存。**

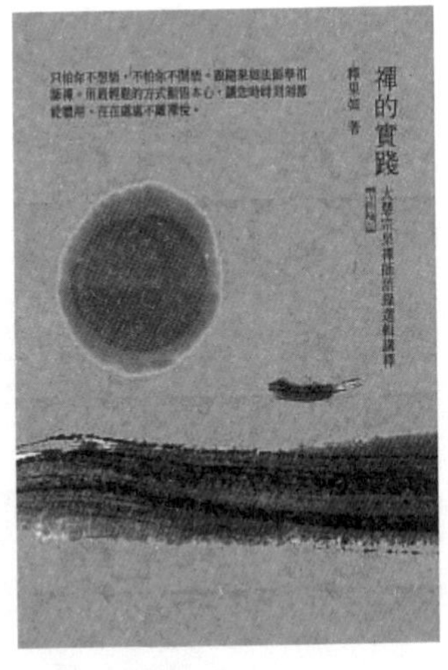

一句「話頭」，勝過十年打坐！

歷經千百年來屹立不搖的「話頭禪」，
超越了時空的限制，最適合忙碌的現代人。

超速時代必修的功課!
大慧宗杲禪師的話頭禪，
讓您親自體會生命奧義，
顛覆慣性再突破現狀，
不斷開創嶄新的未來，
成為生命真正的不倒翁。

作者：釋果如
定價：280元

禪的實踐
大慧宗杲禪師語錄選輯講釋（精華版）

現在許多人走在路上總是視而不見、聽而不聞，只顧著自己手上的那支手機，無法感受到生命的真實現狀，更遑論說「開悟」。其實「開悟這件事」不但不影響你忙碌的生活，還可以提高你的工作效率！

這不是出家法師的專利，你本來就具有開悟的能力，只要有一塊敲門磚，讓禪師善巧引導您，就能帶您一窺「開悟」的堂奧！而大慧宗杲禪師的「話頭禪」，經歷千百年而屹立不搖，精彩絕倫的機鋒相對，幫助許多禪師開悟證果。它能應用在日常生活中的時時刻刻，不必困在蒲團上，是你我都能輕鬆上手的禪法。

話頭禪：「在與人對話的時候，仍然繫念話頭、不離話頭。只要你會用話頭的禪修方法，則任何工作、生活狀態，都能以話頭用功。」本書節錄大慧宗杲禪師語錄，有禪師與在家居士的書信對話，其中不乏忙得腳不沾地的高官權貴，像這麼忙碌的人都能開悟，你我更有機會親證生命實相。

話頭比起其他禪修方法更容易上手，因為是透過看似有答案的疑問，引發您的好奇心，在「不知道而想知道」的疑情中去發掘生命實相。應用這方法摧毀你種種的妄想分別心，在找不到答案的無可奈何情況下，心的造作分別自然來到盡頭，在最後的徹底放下、粉碎對內統一的定境，即可在剎那間見己真心。

別說你工作有多忙，沒有機會禪修！無論是西方的賈伯斯，還是東方的馬雲，重要的決策都是在禪堂裡決定。看了本書中大慧宗杲禪師的禪法，你就知道「工作、生活、禪修是三而一，一而三。」一次搞定，從此不再成為困惑的問題。透過此書跟著果如法師的腳步一起找到話頭禪的奧妙，讓您的真心靈妙大用現前。

作者：王紫蘆
定價：280元

賈伯斯的蘋果禪：
用佛陀的智慧打造9,000億美元的企業

蘋果公司、NeXT、皮克斯這三個品牌都是不同領域的頂尖企業，而它們唯一的共通點就是「創辦人-賈伯斯」。

賈伯斯的同事曾經說過，在決定下一款產品時，他一定會先靜坐一段時間，並在睜開眼睛的那個瞬間，用直覺去做決定。

因爲如此熱衷禪修，他甚至一度想去日本京都的永平寺出家。但乙川弘文禪師那時對他說：「並非只有出家才是修行」，才打消念頭並把佛法運用在企業決策與人生規劃中，如同他在史丹佛演講時所說的：「去追隨你的眞心與直覺，它們常常最知道你想做什麼。」他透過禪修來覺察本心，對賈伯斯來說，佛教是他生活中的一部分，因爲賈伯斯認爲修行是自己的事情，所以在接受媒體採訪時，他往往避談此事，但是我們能從他舉辦佛教婚禮、在蘋果推行靜坐課程……諸如此類的蛛絲馬跡去了解他對於禪修的認眞程度。

一切的源頭，都要回到年幼被拋棄的那段陰影。他從小就一直不斷的在問自己是誰，也讓他在19歲時踏上前往尋找解答的印度之旅……

本書的作者將帶著我們從賈伯斯最隱密也最少提及的青年生活開始，一步步抽絲剝繭般，從他與佛教的初步接觸到與禪師的對談及人生的思考，讓我們補起缺掉的那塊屬於信仰的拼圖。

名人推薦
林蒼生　前統一集團總裁

國家圖書館出版品預行編目(CIP)資料

不動怒,正念禪修的智慧：讓您的大腦不被性罪所
支配 / 梁崇明著. -- 初版. -- 新北市：大喜文化, 2019.09
面；　公分. -- (淡活智在；18)
ISBN 978-986-97879-7-0(平裝)

1.禪宗 2.修身 3.生活指導

226.65　　108014395

淡活自在 18

不動怒，正念禪修的智慧：讓您的大腦不被性罪所支配

作　　者　梁崇明
編　　輯　謝文綺
發 行 人　梁崇明
出 版 者　大喜文化有限公司
登 記 證　行政院新聞局局版台省業字第 244 號
P.O.BOX　中和市郵政第 2-193 號信箱
發 行 處　23556 新北市中和區板南路 498 號 7 樓之 2
電　　話　（02）2223-1391
傳　　真　（02）2223-1077
E-mail　joy131499@gmail.com
銀行匯款　銀行代號：050，帳號：002-120-348-27
　　　　　臺灣企銀，帳戶：大喜文化有限公司
劃撥帳號　5023-2915，帳戶：大喜文化有限公司
總經銷商　聯合發行股份有限公司
地　　址　231 新北市新店區寶橋路 235 巷 6 弄 6 號 2 樓
電　　話　（02）2917-8022
傳　　真　（02）2915-7212
初　　版　西元 2019 年 09 月
流 通 費　新台幣 260 元
網　　址　www.facebook.com/joy131499
I S B N　978-986-97879-7-0